CASINO ENGLISH

카지노실무영어

양일용 & 정흥모 & Robert J. Dickey

BAEKSAN
Publishing Co

머리말

관광수입이 세계 5위권에 속하는 미국, 프랑스, 영국 등 선진국에서는 이미 오래 전부터 카지노의 경제적 효과 및 문화・오락적인 효용가치를 인식하여 카지노업을 건전한 방향으로 육성・발전해 오고 있으며, 우리나라는 1994년 관광진흥법의 개정으로 카지노업을 관광사업으로 분류하여 제도적인 발전을 모색하고 있다.

카지노는 관광산업 중에서 여행사, 항공사, 호텔, 면세점 등 연관부문이 많은 산업으로서, 장기적인 관점에서는 경제발전에 따른 소득수준의 향상과 여가의 확대로 인해 시장규모가 증가할 것으로 예상된다.

카지노의 전문용어는 1931년 카지노관련법안(Wide Open Gambling Bill)의 통과로 카지노가 합법적인 게임으로서 상업화가 진전된 미국의 네바다주에서 비롯되었다고 할 수 있으며, 실제로 대부분의 카지노에서 게임진행이 모두 영어로 이루어지고 있다.

영어는 또한 더 이상 외국어가 아닌 세계의 공용어가 되어 있는 21세기의 이 시점에서, 카지노에 종사하고 있는 현업의 전문인력이나 또는 장차 전문인력이 되고자 대학에서 준비하고 있는 학생 모두 이 분야에 대한 교재가 절실하게 요청되고 있다.

이러한 요청에 부응하여 이 책은 저자가 그동안 대학에서 강의하면서 정리한 자료와 그리고 현업에서 직접 체험한 경험을 바탕으로 실용성에 주안점을 두었는 바, 딜러를 비롯한 카지노 전문인력이 게임테이블 등 현장에서 실무에 바로 활용할 수 있도록 내용을 쉽게 집필하였다.

이 책은 크게 두 부분으로 나눌 수 있다. 전반부는 카지노안내에서 공항환송까지의 내용으로서 1장에서 5장에 걸쳐 수록하였으며, 후반부는 카지노게임을 위주로 6장에서 9장까지 각 게임에 대해 소개하였다. 각

장마다 중심주제가 되는 내용을 앞머리에 올렸으며, 본문은 사례별로 대화체로 구성하여, 각 단원의 끝에 단어 및 어구해설을 담아 본문이해에 도움이 되게 하였다. 특히 게임부문에서는 각 게임마다 딜러가 명심해야 할 사항을 삽입하였다. 실제 게임테이블에서는 게임진행에 따른 딜러와 고객간의 대화가 아주 축약된 형태로 나타날 수 있는데, 가장 가능한 상황을 설정하여 그에 적합한 표현을 대화형식으로 구성하였다.

각 장의 내용으로는 1장, 안내 데스크에서 카지노와 게임 등의 안내를, 2장, 체크룸에서 카지노출입에 따른 절차를 다루었으며, 3장, 케이지에서 환전 및 칩스의 수불과 4장, 스낵바에서 식음료주문 및 바텐더 서비스를 그리고 5장, 고객지원에서 접객 및 공항환송에 대해 소개하였다. 다음으로 게임부문에서 6장, 블랙잭, 7장, 바카라, 8장, 룰렛에서 각 게임의 소개와 칩스교환, 베팅, 게임진행 및 각 게임의 규칙을 기술하였으며, 9장 크랩스에서는 게임소개와 딜러, 게임진행 및 규칙을 기술하였다. 뒤이어 카지노에서 사용되는 전문용어만을 묶어서 카지노전문용어 편에 별도로 수록하였다.

이 책이 카지노 실무와 카지노 영어에 관심이 있는 카지노 종사자 및 카지노 관련학과 학생들에게 유용한 영어 실무 지침서가 되기를 기대하며, 앞으로 미비한 점들이 계속 보완될 수 있도록 독자 여러분의 많은 조언이 있기를 바라는 바이다.

끝으로 이 책이 나오기까지 많은 도움을 주신 제주관광대학의 카지노경영과 및 관광외국어계열 교수님들과, 특히 감수를 해 주신 고택운교수님, 그리고 이 책의 출판을 허락해 주신 백산출판사 진욱상사장님과 직원 여러분께 감사의 마음을 전한다.

2002년 3월

저 자

Contents

Chapter 1. Information Desk

Chapter 2. Checkroom

Chapter 3. Cage

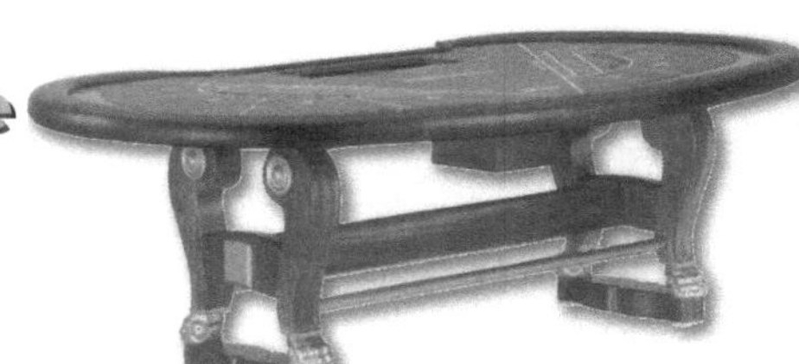

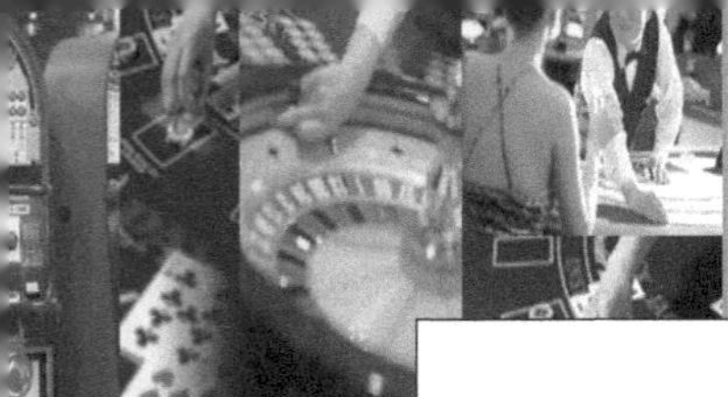

Chapter 4. Snack-bar

Chapter 5. Customer Service

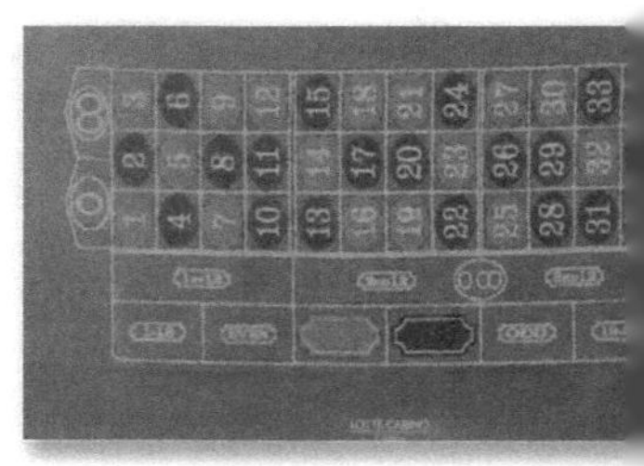

Chapter 6. Blackjack

차 례

Chapter 7. Baccarat

Chapter 8. Roulette

Chapter 9. Craps

Chapter 1

Information Desk

Gambling:

We all know gambling. We have played games of chance since our youth. The childhood bet that "I can run faster than you can, winner gets the biggest piece of cake" is no less a gamble than the one million dollar bet on a horse, or the busy Saturday night in a casino.

Historically, gaming is as old as mankind. To place a bet or wager on an uncertain outcome predates the Greek and Egyptian societies, and in one form or another, has generally been legal since those days.

우리는 모두 갬브링을 알고 있다. 어렸을 때부터 우리는 '우연'에 대한 게임놀이를 해 왔다. "달리기를 해서 이긴 사람이 큰 케이크 먹기"로 한 어릴적 내기가 경마나 또는 토요일 밤 카지노에서 백만 달러를 거는 행위와 별반 다를 바가 없는 것이다.

갬브링의 역사는 인류의 역사만큼 오래되었다. 미래의 불확실한 결과를 놓고 내기를 거는 행위는 고대 희랍이나 이집트 시대까지 거슬러 올라가며, 이런 저런 형태로 현재에 이르러서는 이러한 행위가 전반적으로 합법화되어 있다.

Words and Phrases

chance 우연, 기회

youth 초기, 발육기, 젊음

childhood 어린 시절

mankind 인류

uncertain 불확실한

outcome 결과

predate 선행하다, 소급해 가다, 거슬러 올라가다

Unit 1. Casino Information(in Casino)

Information Clerk : Good morning, ma'am! Is this your first visit to our casino?

Guest : Yes, it is. You know, when I think of casinos, I imagine all sorts of "shady" things.

Information Clerk : Is that so? What kinds of images come to mind, when it comes to casinos?

Guest : Well, thoughts of drugs, gangsters··· you know, the mafia, James Bond and spies, things like that.

Information Clerk : You are not alone. Many people have similar concerns. But it's because the casino image has been built by movies and paper-back novels about crime and intrigue. It's natural, considering the excitement of gambling, to blend these thriller concepts. But we're not like that at all.

Guest : Hmmm, that makes sense. Then, what is the reality of casinos?

Information Clerk : We see casinos as a core facility in the tourism industry, alongside hotels, airlines, resorts, and duty-free shops. Each one benefits from the availability of the others.

Guest : Uh-huh….

Information Clerk : And casinos have numerous advantages as a destination resort. It can operate in all sorts of weather, as it is entirely indoors.

Guest : Yes, I guess that's true.

Information Clerk : And you can play the games at all hours, since it is a 24-hour facility. One can play for as long, or as briefly, as one wishes.

Guest : Yes, it is a good pastime for a tourist in this regard. I often have spare time between my tours and shopping.

Information Clerk : You are correct, ma'am.

Guest : Well, let me try a game or two.

Information Clerk : Sure, ma'am. Have a nice time in the casino. Good Luck!

Unit 1. 카지노소개

직원 : 안녕하십니까, 부인. 저희 카지노는 처음이십니까?

고객 : 네, 처음입니다. 카지노라고 하면 온갖 부정적인 생각이 먼저 떠오르는군요.

직원 : 그렇습니까? 어떤 생각이 드시는지요?

고객 : 뭐랄까? 마약, 조직 폭력에…, 마피아, 제임스본드와 스파이 등 이런 것이 연상됩니다.

직원 : 맞는 말씀입니다. 많은 사람들이 그런 생각을 가지고 있습니다. 그러나 그것은 영화나 소설 등 매체가 카지노를 범죄나 흥미 본위로만 부각해 왔기 때문이라고 할 수 있지요. 도박의 짜릿함을 그런 스릴러물(物)과 혼합시킨다면 당연하다고도 할 수 있습니다. 그러나 카지노는 전연 그렇지 않습니다.

고객 : 음, 일리가 있군요. 그럼 카지노란 어떤 것입니까?

직원 : 네, 사실 카지노는 호텔, 항공사, 리조트, 면세점 등 연관 산업이 많은 관광 산업의 꽃이라고 할 수 있습니다. 각각의 산업은 제각기 도움을 받으니까요.

고객 : 네….

직원 : 카지노는 목적지 리조트로서 많은 이점이 있답니다. 카지노는 실내에서 하기 때문에 기후에 관계없이 전천후로 가동이 되지요.

고객 : 네, 그렇겠군요.

직원 : 또 24시간 영업을 하기 때문에 시간에 구애됨이 없이 아무 때나 즐길 수 있습니다. 장시간이든 또는 잠깐이든 원하시는 데로 하실 수 있습니다.

고객 : 네, 그런 점에서 관광객에게 좋은 오락거리를 제공한다고 하겠군요. 저도 가끔은 관광이나 쇼핑을 하면서 자투리 여가 시간이 나는 때가 있습니다.

직원 : 네, 맞습니다. 부인.

고객 : 그럼, 저도 카지노 게임을 한번 해 보도록 하겠습니다.

직원 : 네, 카지노에 오셨으니 좋은 시간 가지시기 바랍니다. 행운을 빌겠습니다.

Words and Phrases

casino 카지노, 작은 집
sort 종류
shady 그늘진, 떳떳하지 못한
drug 마약
gangster 악한, 깡패
mafia 마피아(미국의 범죄 조직)
James Bond 영국 영화 "007시리즈"의 주인공 이름
spy 스파이, 밀정
concern 관심, 생각
image 이미지, 영상
build 만들다
paper-back 페이퍼 백, 종이 표지를 한 책
novel 소설
crime 범죄
intrigue 음모, 흥미, 호기심
natural 당연한
consider 고려하다
excitement 짜릿함, 흥분
gambling 겜브링, 도박
blend 뒤섞다, 혼합하다
thriller 스릴러, 전율을 느끼게 하는 것
concept 개념
make sense 의미가 있다, 뜻이 통한다

reality 실체

core 핵심

facility 시설

tourism 관광

industry 산업

airline 항공사

resort 휴양지, 휴양 시설

duty-free shop 면세점

benefit 이익을 얻다, 득을 보다

availability 이용할 수 있음, 유용성

numerous 엄청난, 매우 많은

advantage 유리한 점, 이점, 우위

destination 목적지, 행선지

all sorts of 모든 종류의

all sorts of weather 전천후

entirely 전적으로

indoors 실내에서, 옥내에서

at all hours 어느 때나, 어느 시간에나

briefly 간결하게, 일시적으로

pastime 오락, 기분 전환, 놀이

in this regard 이런 점에서

spare 비어 있는, 여분의

tour 짧은 여행, 유람

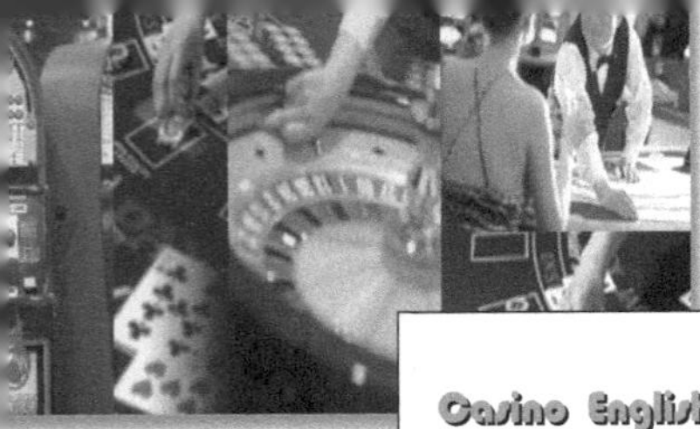

Unit 2. Games

Information Clerk： Good morning sir! Welcome to our casino!

Guest： Good morning. This is my first time to a casino, what games do you have?

Information Clerk： We have two types of games： table games, and slots.

Guest： Well, how many kinds of table games are there?

Information Clerk： Let's see, blackjack, baccarat, roulette, and craps are our table games.

Guest： Those sound interesting.

Information Clerk： What game are you interested in? If you have any particular game in mind, I'd be happy to introduce it.

Guest： Which game do you recommend for a beginner like me?

Information Clerk： For a beginner, roulette or slots would be a nice start, to test your luck. And they are not too complicated to start right away.

Guest： OK, well, where is the slots area?

Information Clerk： Walk through that way, please, and turn right at the snack bar.

Guest： Thanks.

Information Clerk : If you have any questions, please feel free to come back and ask anytime.

Guest : Sure, thank you.

Information Clerk : Have a great time. Good Luck!

6 DECK SHOES

Unit 2. 게임 안내

안내 : 안녕하십니까. 어서 오십시오.

고객 : 안녕하십니까, 카지노 게임은 처음인데요. 어떤 게임이 있습니까?

안내 : 네, 크게 두 가지가 있는데 테이블 게임과 슬롯 게임이 있습니다.

고객 : 그럼, 테이블 게임에는 어떤 것이 있습니까?

안내 : 네, 테이블 게임에는 블랙잭, 바카라, 룰렛, 그리고 크랩스 게임이 있습니다.

고객 : 재미있겠군요.

안내 : 어떤 게임이 흥미가 있으십니까? 특별히 생각하고 있는 게임이 있으면 말씀하십시오. 설명해 드리겠습니다.

고객 : 나와 같은 초보자가 할만한 게임에는 어떤 것이 있습니까?

안내 : 처음 시작하시는 분은 룰렛이나 슬롯이 좋을 것 같습니다. 그런 게임은 복잡하지 않아 바로 하실 수 있으니까요.

고객 : 그렇습니까? 그럼 슬롯 게임은 어느 쪽에 있습니까?

안내 : 네, 저쪽으로 들어가셔서 스낵 바 우측으로 돌아가시면 바로 있습니다.

고객 : 감사합니다.

안내 : 궁금한 점이 있으시면 언제든지 이곳으로 오셔서 문의해 주십시오.

고객 : 알겠습니다. 감사합니다.

안내 : 좋은 시간 되시기 바랍니다. 행운을 빌겠습니다.

Words and Phrases

kind 종류

table game 테이블 게임

slots 슬롯머신(게임)

slot (특히 자동 판매기 등의) 동전 구멍, 투입구

blackjack 블랙잭 게임

baccarat 바카라 게임

roulette 룰렛 게임

craps 크랩스 게임

recommend 추천하다

beginner 초심자, 처음 시작하는 사람

Unit 3. Exchange Information

Information Clerk： Good afternoon, ma'am! What can I do for you?

Guest： I'd like to change US dollars into Korean won. Where can I do that?

Information Clerk： You can do it at the money exchanger.

Guest： How much can I change?

Information Clerk： There is no limit, sir.

Guest： Can I buy the chips at the cashier?

Information Clerk： No, sir, but you can buy them at the table directly.

Guest： I see. Where is the exchange.

Information Clerk： It's around the corner over there.

Guest： Thanks.

Information Clerk： Have a nice time, sir.

Unit 3. 환전 안내

안내 : 어서 오십시오. 무엇을 도와 드릴까요?

고객 : 달러를 원으로 환전하고 싶은데, 어디서 할 수 있습니까?

안내 : 환전소에서 하실 수 있습니다.

고객 : 얼마까지 환전이 가능합니까?

안내 : 금액과는 관계없이 얼마든지 하실 수 있습니다.

고객 : 그러면 출납에서도 칩을 살 수 있습니까?

안내 : 칩은 게임 테이블에서 직접 사 주십시오.

고객 : 그래요? 환전 창구는 어디에 있습니까?

안내 : 저쪽 모퉁이에 있습니다.

고객 : 감사합니다.

안내 : 부디 즐거운 시간 되십시오.

Words and Phrases

exchange 환전

change 바꾸다, 환전하다

money exchanger 환전상

limit 제한, 한도

chip 게임용 칩

cashier 캐셔, 출납 직원

directly 직접

corner 모퉁이, 코너

Unit 4. Hotel Information

Information Clerk： Welcome, sir. May I help you?

Guest： I'd like to get some souvenirs. Where can I buy them?

Information Clerk： Sir. The souvenir shop is at the right side of the lobby on the 1st floor.

Guest： And, where is the sauna?

Information Clerk： The health spa is on the fourth floor.

Guest： How long will it take to get to the airport?

Information Clerk： It will take about half an hour to get to the airport from here.

Information Clerk： It will be very convenient if you take the airport limousine bus.

Information Clerk： The limousine bus leaves every 15 minutes from the main entrance of the hotel.

Guest： Thank you. Um.. where can I wash my hands?

Information Clerk： The restroom is on the left of the telephone booth.

Guest： Thank you so much.

Unit 4. 호텔 안내

안내 : 어서 오십시오. 무슨 용건이십니까?

고객 : 뭔가 간단한 선물이 필요한데, 어디서 살 수 있는지요?

안내 : 네, 기념품 가게는 호텔 1층 로비 오른쪽에 있습니다.

고객 : 그리고, 사우나는 어디에 있습니까?

안내 : 사우나는 4층에 있습니다.

고객 : 공항까지는 얼마나 걸릴까요?

안내 : 여기서 공항까지는 30분 정도 소요됩니다.

안내 : 리무진 버스를 이용하시면 편리합니다.

안내 : 버스는 호텔 현관에서 15분 간격으로 출발합니다.

고객 : 감사합니다. 참, 화장실은?…

안내 : 화장실은 공중 전화 박스 왼쪽에 있습니다.

고객 : 대단히 감사합니다.

Words and Phrases

souvenir 기념품

shop 가게, 점포

lobby 로비

sauna 사우나, 한증탕

health 건강

spa 온천, 사우나를 갖춘 시설

airport 공항

convenient 편리한

limousine 리무진, 여객 영송(迎送)용 공항 버스

main entrance 정문, 본관

restroom 화장실

telephone booth 공중 전화 박스

Unit 5. Telephone Information

Guest : I'm looking for a housephone.

Information Clerk : A housephone is on your right.

Guest : Can I make a local call?

Information Clerk : Yes, it is. When you want to make a local call, please press 9 first.

Guest : Hello? I can't hear you··· what?
When are we going to meet? Seven thirty? Where? Where's that?

Information Clerk : Sir, your voice is a little loud. Would you please lower your voice?

....

Guest : Where is the pay phone?

Information Clerk : The pay phone is right next to the restroom.

Unit 5. 전화 안내

고객 : 구내 전화가 어디 있습니까?

안내 : 구내 전화는 고객 오른편에 있습니다.

고객 : 시내로도 통화를 할 수 있습니까?

안내 : 시내 전화 이용시 9번을 먼저 누른 후 사용하십시오.

고객 : 여보세요? 잘 안 들리는데요… 뭐라구요? 언제 만날까요? 7시 반? 어디서요? 거기가 어디라구요?

안내 : 고객님, 음성이 조금 높으시군요. 조금만 낮추어 주시겠습니까?

....

고객 : 공중 전화는 어디 있지요?

안내 : 공중 전화는 화장실 옆 오른쪽에 있습니다.

Words and Phrases

housephone 구내 교환 전화
local call 시내 전화
press 내리누르다
be going to …할 예정이다
voice 목소리, 음성
pay phone 공중 전화
lower 낮추다

◈ 숫자(Numbers)

숫자	읽기	숫자	읽기	숫자	읽기
1	one	11	eleven	21	twenty-one
2	two	12	twelve	100	one hundred
3	three	13	thirteen	900	nine hundred
4	four	14	fourteen	천	one thousand
5	five	15	fifteen	만	ten thousand
6	six	16	sixteen	십만	one hundred thousand
7	seven	17	seventeen	백만	one million
8	eight	18	eighteen	천만	ten million
9	nine	19	nineteen	억	one hundred million
10	ten	20	twenty	십억	one billion

CHAPTER 2

Checkroom

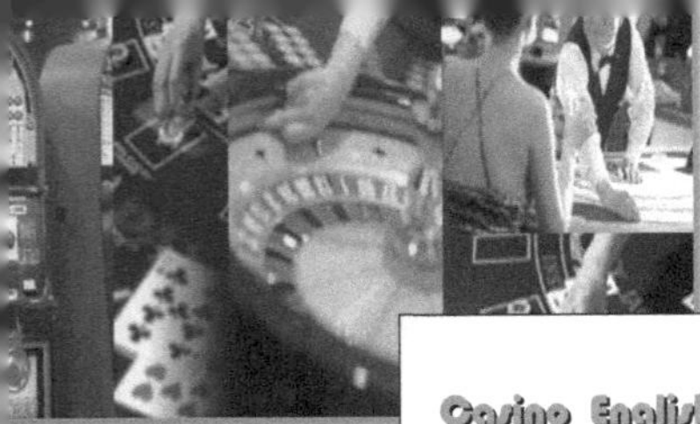

Casino:

The term casino is originally developed as "a large room for meetings and entertainment", including music, dancing, public gatherings, and gambling. Today the word is almost exclusively associated with games of chance, although there are yet associated restaurants, hotels, golf-courses, and various other forms of entertainment.

The classic example of a casino, and perhaps still the best known one, is the casino at Monte Carlo, which opened in 1861. The casino has long been a principal source of income for the tiny nation of Monaco. The legally authorized casino is a dynamic part of the modern travel and hospitality industry.

Las Vegas is a popular image of modern America, a place where dreams can come true. It offers the most highly developed form of the hospitality industry in the U.S., and probably, in the world. Built from nothing, a small desert village with nothing but a nearby hydro — electric dam, Las Vegas was designed around a simple tourism concept — the universal fantasy of "winning it big."

The gaming industry and related services — hotels, air travel, restaurants, golf, shopping, entertainment, and support industries — have built a strong economy. Taxes paid from the gaming and related industries are the main income source for the government of the State of Nevada.

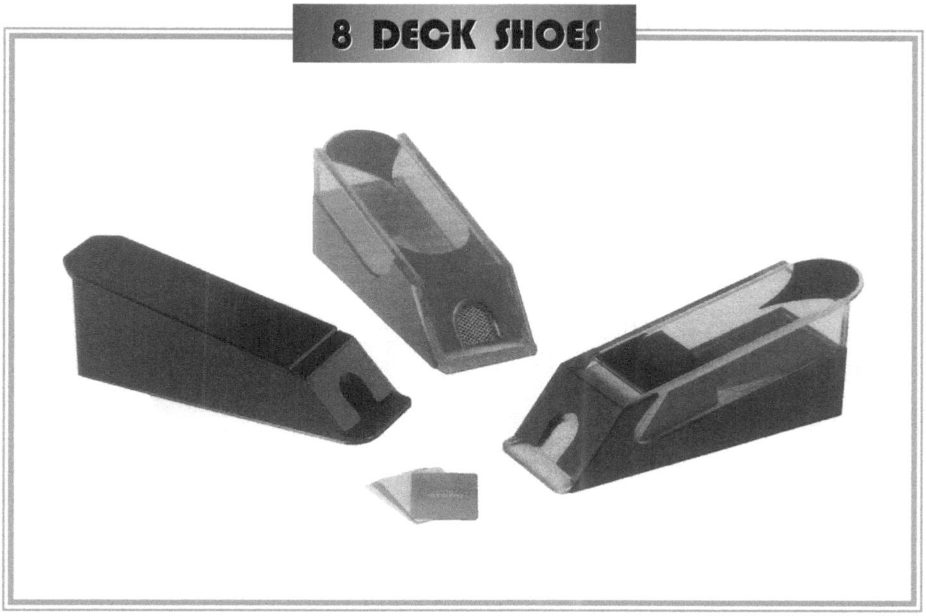

카지노란 용어는 원래 음악, 춤, 공공의 집회 및 갬브링이 어우러진 “모임과 연회를 위한 장소”를 의미하고 있다. 오늘날 이 말은 여전히 레스토랑, 호텔, 골프 및 기타 오락과 연관되어 있으면서도, 거의 ‘우연의 게임’을 연상하게 하는 용어가 되어 있다.

카지노의 전형은 지금도 명소로 알려진 1861년 설립의 몬테카를로 카지노인데, 오래 전부터 모나코 왕국의 주된 수입원 역할을 하고 있다. 합법화된 카지노는 현대 관광여행 산업의 역동적인 역할을 맡고 있다고 하겠다.

라스베가스는 오늘날 꿈을 실현하는 미국의 이미지를 가장 잘 나타내는 도시다. 환대 산업이 최고로 잘 발달된 곳으로 미국뿐만 아니라 세계에서 제일이라고 할 수 있다. 근처에 수력발전소 댐이 하나 있을 뿐, 작은 부락이 있는 황량한 사막의 거의 무(無)에서 건설된 라스베가스는 관광객을 끌어 모으기 위한 아주 단순한 컨셉, 즉 누구나 가지고 있는 “대박”에의 환상을 주제로 디자인되었다.

게임 산업과 관련 서비스업, 즉 호텔, 항공사, 레스토랑, 골프, 쇼핑, 오락 및 부대사업 등은 강력한 경제를 만들어 가고 있으며, 이로 인한 조세 수입 또한 네바다 주정부의 주요 수입원이 되고 있다.

Words and Phrases

entertainment 연회, 오락
gathering 모임, 회합, 집회
exclusively 오로지, 전적으로 …뿐
associated 결부된, 연관된
classic 고전적인, 유서 깊은, 모범적인
principal 주된, 중요한
source 근원, 출처
tiny 아주 작은, 조그마한
legally 합법적으로
authorized 정식으로 인가된, 승인을 받은
desert 사막
nearby 근처의
hydro-electric 수력 전기의
dam 댐, 둑, (댐 등으로) 막아놓은 물
concept 개념
universal 보편적인
fantasy 환상
support 지원, 지지

Unit 1. Checking The Baggage

Checkroom Clerk : Would you want us to keep your belongings ?

Guest : I'd like to keep these suitcases.

Checkroom Clerk : Yes, sir. Two suitcases?

Guest : Yes.

Checkroom Clerk : Would you please give your name, sir?

Guest : My name is John Smith. I'll be back by 5 o'clock this afternoon.

Checkroom Clerk : Yes, sir. This is your receipt. Please present it to us when you want your bag.

Checkroom Clerk : And if you lose your receipt, please tell us right away.

Guest : Yes, I will. By the way, Can I take a photograph in the casino?

Checkroom Clerk : I'm very sorry, but photographs are not allowed. Please leave your camera at the checkroom.

Guest : I see, here you are.

Checkroom Clerk : Good luck!

Unit 1. 수화물 보관

직원 : 소지품을 보관하시겠습니까 ?

고객 : 이 가방을 맡기고 싶습니다만.

직원 : 잘 알겠습니다. 가방 2개입니까?

고객 : 네, 그렇습니다.

직원 : 손님 성함을 알려 주시겠습니까?

고객 : 존 스미스입니다. 오후 5시경 찾으러 오겠습니다.

직원 : 잘 알겠습니다. 이것은 보관증입니다. 가방을 찾으러 오실 때 이 보관증을 가지고 오십시오.

직원 : 그리고 만일 보관증을 분실하였을 때에는 즉시 신고하여 주시기 바랍니다.

고객 : 네, 잘 알겠습니다. 그런데, 카지노 내에서 사진을 찍을 수 있습니까?

직원 : 대단히 죄송합니다만, 사진 촬영은 금지되어 있으므로 사진기는 저희에게 맡겨 주십시오.

고객 : 알겠습니다. 여기 있습니다.

직원 : 부디 즐거운 시간되시기 바랍니다.

Words and Phrases

belonging 소지품

suitcase 여행 가방

receipt 보관증, 영수증

back 제자리에, 원위치에, 뒤의

present 제출하다, 내놓다

right away 곧 바로

by the way 그런데

photograph 사진

checkroom 휴대품 일시 보관소

CARD SCOOPER

CHIPS

CHIPS CASE

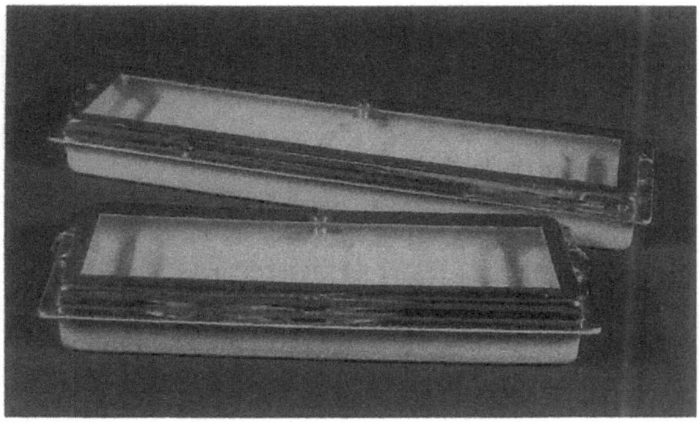

W600 X D240 X H90
W680 X D240 X H90
W720 X D240 X H90

CHIPS TRAY

Unit 2. Claiming The Baggage

Guest : I left my belongings this morning. Can I bring back?

Checkroom Clerk : Yes, sir. Would you please show me your receipt.

Guest : Here you are.

Checkroom Clerk : Mr. Thomas Harroll. A blue coat and two bags?

Guest : Yes.

Checkroom Clerk : Thank you. Hold a moment, please. Here you go.

Guest : Thanks a lot.

Checkroom Clerk : Did you enjoy gaming here?

Guest : Yes, I enjoyed it so much.

Checkroom Clerk : I'm glad you enjoyed yourself. See you again, sir.

Guest : Thank you.

Unit 2. 수화물 인수

고객 : 오늘 아침에 짐을 맡겼는데, 찾으러 왔습니다.

직원 : 네, 알겠습니다. 보관증을 보여 주시겠습니까?

고객 : 네, 여기 있습니다.

직원 : 토마스 해롤씨군요. 청색 코트와 가방 2개입니까?

고객 : 그렇습니다.

직원 : 감사합니다. 잠시 기다려 주십시오. 여기 있습니다.

고객 : 감사합니다.

직원 : 카지노에서는 즐겁게 보내셨는지요?

고객 : 네, 즐거웠습니다.

직원 : 즐거웠다니 반갑습니다. 또 오시기 바랍니다.

고객 : 감사합니다.

Words and Phrases

leave 맡기다

bring 가져오다

here you are 여기 있습니다.

hold a moment 잠깐만

Unit 3. Losing a Receipt

Guest : Excuse me, but I think I have lost my receipt. What should I do?

Checkroom Clerk : I'm sorry to hear that. Could you describe your things?

Guest : A brown suitcase and a camera.

Checkroom Clerk : About what time did you check them?

Guest : Around 11 o'clock this morning.

Guest : A "Samsonite" suitcase, with a name tag attached to the handle.
And a digital camera.

Checkroom Clerk : Wait a moment, please. I'll check into it.

Checkroom Clerk : Sorry to have kept you waiting so long. Are these yours?

Guest : Oh, yes. They are mine.

Checkroom Clerk : Excuse me, but would you show me some I.D. please?

Guest : This is my passport and business card.

Checkroom Clerk : Mr. John Smith. Please sign here and write your passport number below it.

Guest : Yes, I understand.

Checkroom Clerk : I'm very sorry for the inconvenience.

Guest : Not at all. It's my fault. Thanks a lot.

Unit 3. 보관증 분실

고객 : 죄송합니다만, 보관증을 분실한 것 같은데 어떻게 하면 좋겠습니까?

직원 : 저런… 어떤 물건인지 말씀해 주시겠습니까?

고객 : 갈색 가방 1개와 검은색 코트입니다.

직원 : 언제쯤 보관하셨습니까?

고객 : 오늘 오전 11시경에 보관하였습니다.

고객 : 손잡이에 이름표가 붙어 있는 "샘소나이트" 가방 1개와 디지털 카메라 1대입니다.

직원 : 잠시 기다려 주십시오. 제가 확인해 보겠습니다.

직원 : 오래 기다리셨습니다. 이 물건이 손님 것입니까?

고객 : 아, 그것이 내 물건입니다.

직원 : 죄송합니다만, 무슨 신분증명이 될만한 것을 보여 주시겠습니까?

고객 : 이것이 내 여권과 명함입니다.

직원 : 존 스미스씨이시군요. 여기에 서명하시고 그 밑에 여권번호를 기입해 주십시오.

고객 : 알겠습니다.

직원 : 불편을 끼쳐서 죄송합니다.

고객 : 천만에요. 제가 잘못한걸요. 대단히 감사합니다.

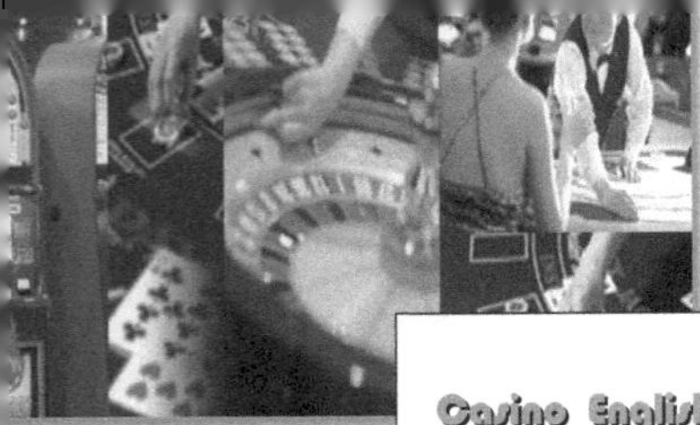

Words and Phrases

excuse 용서하다, 참아주다

excuse me 미안합니다, 실례합니다

lose 분실하다, 잃다

describe 묘사하다, 설명하다

brown 갈색

I.D.(abbreviate of identification) 신분증

check (물건을) 보관증, 또는 물표를 받고 맡기다

tag 꼬리표

handle 손잡이

passport 여권

business card 명함

inconvenience 불편

you are welcome 천만의 말씀입니다

MAIN BACCARAT

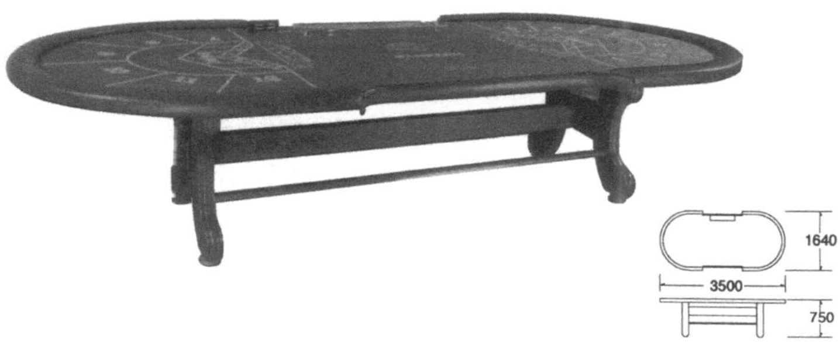

Unit 4. Access to Casino

Guest： I'd like to come to the casino with my Korean friend, is that O.K?

Checkroom Clerk： Excuse me, sir. Would you please show me your passport?

Guest： Yes, here it is. But my friend is a Korean and doesn't have a passport.

Checkroom Clerk： Sir, I'm sorry but under Korean Law there is a regulation： Korean nationals are not allowed to enter.

Guest： I didn't know that.

Checkroom Clerk： Koreans are allowed to enter only with a permanent residency visa or a foreign citizenship.

Guest： Oh, I see. Anyway you can let her in this time only?

Checkroom Clerk： I'm very sorry, but, there is no way, sir.

Guest： We should just have come in without asking.

Checkroom Clerk： Well··· It's our duty to check, sir.

Guest： Umm··· Where shall I have her wait.

Checkroom Clerk： How about in the lounge outside? There will be a play soon by the Philippines famous jazz band. She can see the band and hear the music as well.

Guest： That sounds good.

Unit 4. 카지노 출입

고객 : 카지노에 한국 친구와 같이 들어가고 싶은데, 들어가도 괜찮지요?

직원 : 죄송합니다만, 고객님. 여권을 보여 주시겠습니까?

고객 : 네, 여기 있습니다. 그런데, 내 친구는 한국 사람이라 여권이 없는데요.

직원 : 고객님, 죄송합니다만, 내국인은 법률로서 출입을 제한하고 있습니다.

고객 : 그건 몰랐는데요.

직원 : 한국인의 경우에는 외국의 영주권, 또는 시민권이 있는 고객만 출입이 허용됩니다.

고객 : 아, 그래요. 하지만 이번만 입장을 시켜 주면 안 되나요?

직원 : 대단히 죄송합니다만, 어쩔 수가 없습니다.

고객 : 묻지 말고 그냥 들어갔어야 했는데…

직원 : 글쎄, 체크하는 것 또 저희 의무입니다.

고객 : 음… 어디서 그를 기다리게 하지?

직원 : 네, 바깥의 라운지가 어떠시겠어요? 그곳에서 잠시 후 필리핀의 유명 밴드가 재즈 연주를 시작한답니다. 악단도 보고 연주도 들을 수 있을 텐데요.

고객 : 그게 좋겠군요.

Words and Phrases

access 출입, 접근

excuse 용서하다, 참아주다

passport 여권

law 법률

national 동국인, 내국인, 동포

regulation 규칙

permanent residency 영주권

foreign citizenship 외국의 시민권

duty 의무

check (확인하기 위해) 대조하다, 점검하다

◈ 계절(The Seasons)

계절	봄	여름	가을	겨울
season	spring	summer	autumn, fall	winter

CHAPTER 3

CAGE

Cage:

The cage is described as the financial nerve center for casino gaming transactions. Not only does the cage play a vital role, but the application of internal controls is especially essential to this entity.

The cage is an extension of the financial controller's office and shares fiduciary responsibility for maintaining the financial well-being of the operations. Therefore, a systematic approach to cage operations is not only important, it is imperative if the business is to be successful.

케이지는 카지노에서 발생하는 모든 거래를 총괄하는 회계 부문의 중추신경이라고 할 수 있다. 케이지는 하우스의 필수적인 역할을 맡고 있을 뿐만 아니라 내부 통제 기능을 수행하고 있기 때문에 더더욱 중요하다고 하겠다.

재무 회계담당 임원의 소속으로서 주주를 대신하여 재무 건전성을 유지 · 확보할 막중한 책임을 지고 있다. 따라서 케이지에 대한 체계적인 관리는 케이지의 효과적인 운영을 위해서도 필요하지만, 카지노의 성공적인 경영을 위해 필수 불가결하다고 하겠다.

Words and Phrases

cage 카지노 출납, 케이지
financial 재무의, 회계의, 금전 출납의
nerve 신경, 신경 조직
center 중추
transaction 거래, 매매
vital 필수적인, 긴요한, 매우 중대한
entity 존재
extension 연장, 확장, 범위
controller 회계 감사관, 관리자, 경리담당 임원, 경리
fiduciary 신탁한, 수탁자의
imperative 피할 수 없는, 필수의, 긴급한, 긴요한, 의무적인

Unit 1. Exchange

Guest : I have some US dollars. Can I change it to Korean won?

Cashier : Yes, you can, sir.

Guest : What's the exchange rate for won today?

Cashier : Today's exchange rate is one thousand two hundred fifty Korean won (₩1,250) per US dollar.

Guest : Well, not bad! Change two thousand U.S. dollars ($2,000), please.

Cashier : May I have your name, and passport, sir.

Guest : (Taking out his passport) Here you are. John Smith.

Cashier : The exchange is two million five hundred thousand Korean won (₩2,500,000). Mr. Smith, would you sign this exchange receipt?

Guest : Yes, I would.

Cashier : Please be sure to keep this receipt, since it is necessary for you to re-exchange later.

Guest : Oh, I see. By the way, can I buy the chips right here?

Cashier : I'm very sorry, but you'd better buy the chips directly at the table.

Guest : O.K., thank you.

Cashier : Good luck!

Unit 1. 환전

고객 : 미국의 달러를 가지고 있습니다. 한국의 원화로 바꿀 수 있습니까?

직원 : 네, 바꿀 수 있습니다.

고객 : 오늘의 환율은 어떻게 됩니까?

직원 : 오늘 환율 시세는 1달러에 1,250원으로 되어 있습니다.

고객 : 나쁘지 않군요. 그럼 2,000달러를 바꾸어 주십시오.

직원 : 성함은 어떻게 되십니까? 여권을 보여 주시겠습니까?

고객 : (여권을 꺼내면서) 여기 있습니다. 존 스미스입니다.

직원 : 환전하신 금액은 2,500,000원입니다. 이 환전증에 서명해 주시겠습니까?

고객 : 네, 알겠습니다.

직원 : 이 환전 영수증은 잘 보관하여 주십시오. 이것이 있어야 나중에 재환전하실 수가 있습니다.

고객 : 알겠습니다. 그런데, 칩을 여기서 바로 살 수 있습니까?

직원 : 죄송합니다만, 칩은 게임 테이블에서 직접 구입하시기 바랍니다.

고객 : 네, 알겠습니다.

직원 : 행운이 함께 하시기 바랍니다.

Words and Phrases

change 교환하다, 바꾸다
take out 꺼내다, 끄집어내다
exchange rate 환율
exchange receipt 환전 영수증
re-exchange 재환전하다
be sure to 꼭 …하는

DRINK HOLDER

MONEY CHIPS

BOURGOGNE ET GRASSET
FRANCE
BG
$5
$100
€500
€100
€2
€1
no cash value
PARADISE WALKER HILL CASINO
SEOUL, KOREA

Unit 2. Chips-Buy In

Cashier : Please come in, sir! What can I do for you?

Guest : I'd like to buy chips, what kinds of chips are there?

Cashier : There are just two kinds, play and money chips.

Guest : Well, how many kinds of money chips?

Cashier : We have five denominations of money chips, — one thousand, five thousand, ten thousand, one hundred thousand, and one million won.

Guest : O.K. Where can I buy the chips?

Cashier : Sir, you can buy the chips at the table you want to play.

Guest : If I have some chips after the game is over, where can I cash them?

Cashier : You can cash them at the cashier.

Guest : I see. Well, where is the cashier?

Cashier : Just over there.

Guest : Thanks a lot.

Unit 2. 칩스 구입

직원 : 어서 오십시오. 무엇을 원하십니까?

고객 : 칩을 구입하고자 합니다만, 칩에는 어떤 것이 있습니까?

직원 : 네, 플레이 칩과 머니 칩의 두 종류가 있습니다.

고객 : 그래요? 그럼, 머니 칩은 몇 가지입니까?

직원 : 네, 머니 칩은 액면에 따라 천원, 오천원, 만원, 십만원, 백만원의 다섯 가지가 있습니다.

고객 : 그렇군요. 그럼, 어디에서 칩을 구입할 수 있습니까?

직원 : 네, 게임하고자 원하는 테이블에서 구입하실 수 있습니다.

고객 : 그리고 게임을 끝낸 후 가지고 있는 칩의 경우, 어디에서 현금으로 바꿀 수 있습니까?

직원 : 캐셔에서 현금으로 바꿀 수 있습니다.

고객 : 알겠습니다. 그럼, 캐셔는 어디에 있습니까?

직원 : 네, 바로 저쪽에 있습니다.

고객 : 감사합니다.

Words and Phrases

come in 들어오다

kind 종류

play chips 무가(無價) 칩스(액면가 없이 룰렛 등 특정 게임에 사용되는 칩스)

money chips 유가(有價) 칩스(액면가를 지닌 현금 대용의 게임용 일반 칩스)

denomination 액면 단위, 표시 금액, 권종(券種)

be over 끝나다

cash 현금으로 바꾸다, 환전하다

cashier 현금 출납원

PLAY CHIPS

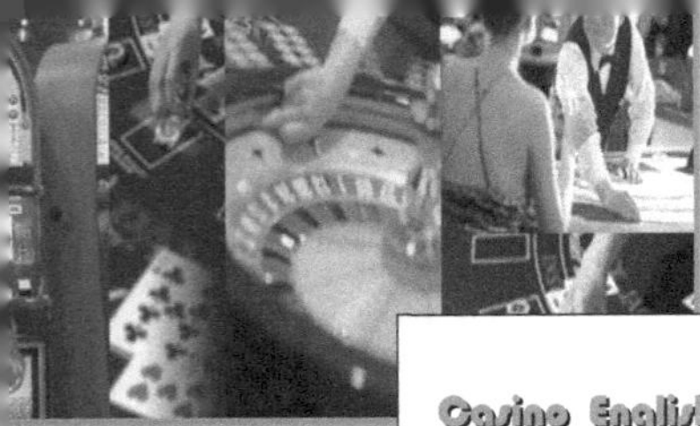

Unit 3. Chips-Redemption

Guest : I'd like to cash all my chips.

Cashier : Yes, sir. How many chips do you have?

Guest : I have 7 golden chips of one million, 8 chips of one hundred thousand, 12 of ten thousand, and 16 play chips.

Cashier : Excuse me, sir, but would you give me your money chips first?

Guest : Well, what about the play chips?

Cashier : Play chips need to be changed into money chips at the roulette table you just played, then exchanged for cash here.

Guest : Oh, I see. Let me cash these money chips first.

Cashier : Yes, sir. Let me have your money chips, please.

Guest : Here you are.

Cashier : I'll count your chips. Please just a moment.

Cashier : Sorry to have kept you waiting. The chips amount total seven million nine hundred twenty thousand won (₩7,920,000).

Guest : Yes.

Cashier : Here is the cash. Please check it.

Guest : You are correct. Thank you.

Cashier : Thank you, sir.

Unit 3. 칩스 판매

고객 : 이 칩 모두 현금으로 바꾸어 주십시오.

직원 : 네, 알겠습니다. 가지고 계신 칩은 얼마나 되십니까?

고객 : 네, 백만원짜리 골드 칩이 7개, 십만원짜리가 8개, 만원짜리는 12개, 다음 플레이 칩은 16개가 됩니다.

직원 : 죄송합니다만, 머니 칩만 먼저 저에게 주시겠습니까?

고객 : 그럼, 이 플레이 칩은?

직원 : 네, 플레이 칩은 게임하셨던 룰렛 테이블로 가서 머니 칩으로 바꾸신 다음, 머니 칩을 여기서 현금으로 교환하시기 바랍니다.

고객 : 그래요? 그럼, 이 머니 칩을 먼저 현금으로 바꾸어 주십시오.

직원 : 알겠습니다. 그럼, 머니 칩만 주시겠습니까?

고객 : 여기 있습니다.

직원 : 칩을 세어 보겠습니다. 잠깐만 기다려 주십시오.

직원 : 기다리게 해서 죄송합니다. 모두 합쳐서 792만원입니다.

고객 : 네.

직원 : 현금 여기 있습니다. 확인해 주시기 바랍니다.

고객 : 네, 맞습니다. 감사합니다.

직원 : 감사합니다.

Words and Phrases

redeem 도로 찾다, 교환하다

redemption 다시 사들이기, 되찾기, 태환(兌換)

golden chip 골드 칩(검정 바탕에 황금색 금속 무늬를 입힌 '100만원권 칩스'를 의미)

count 계산하다

keep waiting 계속 기다리다

DISCARD HOLDER

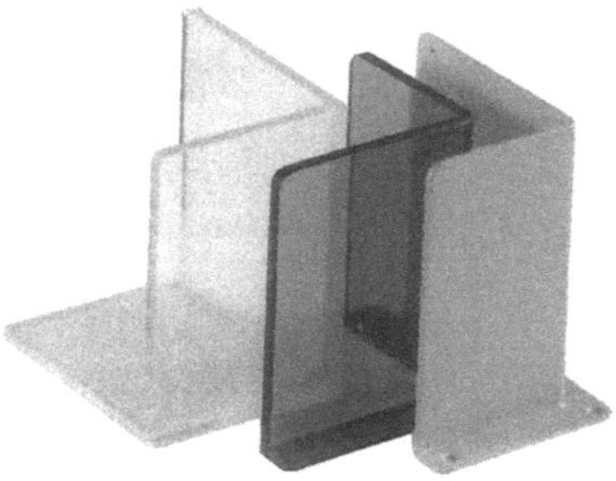

◈ 때를 나타내는 경우(Days & Tense)

시제 tense	과거 past	현재 present	미래 future
일 day	어제 yesterday	오늘 today	내일 tomorrow
	그저께 the day before yesterday		모레 the day after tomorrow
주 week	지난주, 전주 last week	금주, 이번 주 this week	다음주, 내주 next week
	지지난주 the week before last		다다음주, 내내주 the week after next
	지난주의 오늘 a week ago today	(금주의) 오늘 today	다음주의 오늘 a week from today
월 month	지난달 last month	금월, 이번 달 this month	다음달 next month
	지지난달 the month before last		다다음달 the month after next

Unit 4. Re-Exchange

Cuest : Can I change Korean won into US dollars?

Cashier : Yes, you can. Would you show me the exchange receipt, please.

Guest : Here you are.

Cashier : How much do you want to change?

Guest : Ten million two hundred thousand won.

Cashier : Did you say "ten million two hundred thousand won?"

Guest : Yes.

Cashier : Oh, I see. You have been winning this time. Congratulations!

Guest : Thank you, but just a little.

Cashier : Here is the re-exchange receipt. Please sign here and write your passport number below it.

Guest : Yes, certainly.

Cashier : Today's exchange rate is 1,275 won to one dollar. The exchange is eight thousand US dollars($8,000).

Guest : Thank you.

Unit 4. 재환전

고객 : 한국의 원화를 미국의 달러로 환전해 주실 수 있습니까?

직원 : 네, 그럼요. 환전 영수증을 보여 주시겠습니까?

고객 : 여기 있습니다.

직원 : 얼마나 환전하시겠습니까?

고객 : 네, 원화 1,020만원입니다.

직원 : 원화 1,020만원이라고 하셨습니까?

고객 : 네, 그렇습니다.

직원 : 아, 네. 이번엔 따셨군요. 축하합니다.

고객 : 감사합니다만 조금 딴 것 뿐인데요.

직원 : 이건 재환전 신청서인데 여기 서명하시고, 그 밑에 여권번호를 기입해 주시기 바랍니다.

고객 : 알겠습니다.

직원 : 오늘 환율이 1달러당 1,275원이니까, 환전하신 금액은 8,000달러입니다.

고객 : 감사합니다.

Words and Phrases

re-exchange 재환전

show 보여주다

congratulations 축하합니다

re-exchange receipt 재환전 신청서(영수증을 겸함)

below 아래, 밑에

NOTE PUSHER

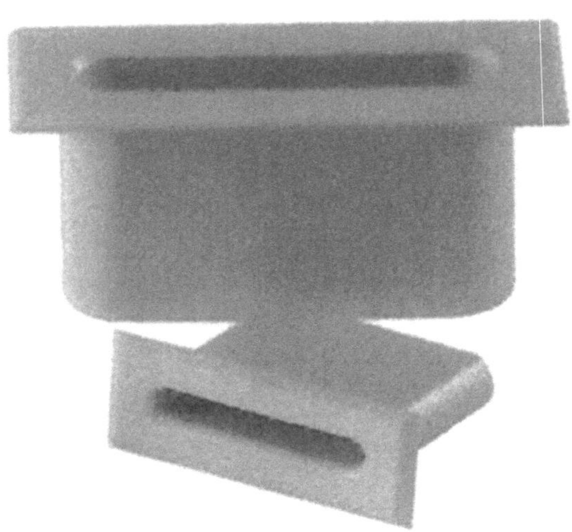

CHAPTER 4

SNACK-BAR

Travel and tourism:

The travel and tourism industry is one of the world's largest business fields, both in gross revenues and the number of employees. It is also one of the fastest growing industries, first organized in England during the late 19th century, and is now expected to be the number one industry for many nations.

A big part of the recent growth, and a major component of the general hospitality industry, is casino gaming. As may be seen by looking at the history of casino gaming in the US, what began in only two states in the 1970s is now offered in over 40 states.

관광여행 산업은 수입의 크기와 관련 종사원의 수에 있어 세계에서 가장 큰 산업의 하나이다. 19세기 후반 영국에서 처음 발현된 이 산업은 또한 성장 속도가 가장 빠른 산업의 하나이며, 오늘날 대다수 국가의 최대 산업이 되어 가고 있다.

이와 같이 급속한 성장의 큰 축이자 환대 산업의 핵심을 이루고 있는 것이 바로 카지노 게임 산업이다. 카지노 산업은 미국의 역사를 통해 알 수 있듯이, 1970년대에는 단 2개 주에 불과하던 것이 현재 40개 이상의 주에서 성업 중이다.

Words and Phrases

gross 총계의
revenue (개인 · 국가 등의) 총소득액, 수입 총액, 총수입
organize 설립[창립]하다
component 성분, 구성 요소
hospitality 환대

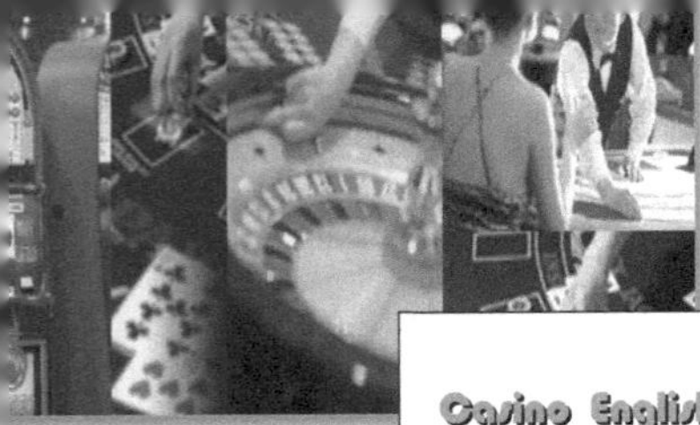

Unit 1. Seating The Seat

Waitress : Good evening, sir. Are you three gentlemen together?

Guest : Yes, we are.

Waitress : Would you prefer a smoking or a non-smoking table?

Guest : Non-smoking, please.

Waitress : Right this way, please…

Waitress : This is a non-smoking area. Will this be alright with you?

Guest : This is fine. Thanks a lot.

Waitress : Is this your first visit to our casino?

Guest : Yes, it is. It's pretty nice.

Waitress : Are you ready to order?

Guest : Can we look at the menu first?

Waitress : Sure, I'll be right back.

Unit 1. 좌석 안내

웨이트리스 : 어서 오십시오. 모두 세 분이십니까?
고객 : 네, 그렇습니다.
웨이트리스 : 흡연석과 금연석 중 어느 쪽을 원하시는지요?
고객 : 금연석을 부탁합니다.
웨이트리스 : 그럼, 이쪽으로 오실까요.
웨이트리스 : 이 좌석이 금연 구역인데 괜찮으시겠습니까?
고객 : 네, 좋습니다.
웨이트리스 : 저희 카지노는 처음이십니까?
고객 : 네, 그렇습니다만, 분위기가 괜찮군요.
웨이트리스 : 주문하시겠습니까?
고객 : 메뉴를 먼저 보여 주시겠습니까?
웨이트리스 : 그럼요, 바로 가져오겠습니다.

Words and Phrases

snack-bar 간단한 식사나 음료 및 칵테일 등을 제공하는 주점, 바
seat 좌석에 안내하다, …에게 자리를 찾아주다
together 함께, 합쳐서
prefer 좋아하다
smoking 흡연의
non-smoking 금연의
alright = all right(좋다)의 별형(別形)
ready 준비가 된

Unit 2. Food Service

Waitress : Here is the menu, sir.

Guest : Thank you.

Waitress : What would you like to order, sir?

Guest : What would you recommend?

Waitress : Well, what about Ham-and-egg sandwich, as a snack?

Guest : Sounds good. I'll have that.

Waitress : And, what kind of beverage would you like?

Guest : Umm··· Juice, please.

Waitress : We have orange juice and tomato juice, which would you like to drink?

Guest : Tomato juice. How much do I owe?

Waitress : Drinks and meals served here are on the house.

Guest : Are you serious? That's terrific. Thank you very much.

Waitress : Light snacks as Ham-and-egg sandwiches are served free, but the heavier snacks like Hamburger steaks must be ordered from the hotel restaurant with cash payment.

Guest : That makes sense.

Unit 2. 식사 주문

웨이트리스 : 메뉴, 여기 있습니다.

고객 : 감사합니다.

웨이트리스 : 무엇을 주문하시겠습니까?

고객 : 어떤 음식이 좋을까?

웨이트리스 : 글쎄요…. 스낵으로는 '햄앤에그 샌드위치'가 어떤지요?

고객 : 그게 좋겠네요.

웨이트리스 : 그럼, 음료는 무엇으로 하시겠습니까?

고객 : 주스로 주십시오.

웨이트리스 : 주스는 오렌지와 토마토가 있습니다. 어떤 것을 드시겠습니까?

고객 : 토마토 주스가 좋겠습니다. 그럼, 모두 얼마가 되지요?

웨이트리스 : 여기서 드시는 식사와 음료는 모두 하우스가 지불합니다.

고객 : 그게 정말입니까? 멋지군요. 감사합니다.

웨이트리스 : '햄앤에그 샌드위치' 같은 가벼운 스낵은 무료로 제공되지만 '햄버그 스테이크' 같은 음식은 호텔 레스토랑으로 주문하여 고객께서 계산하셔야 합니다.

고객 : 이치에 맞는군요.

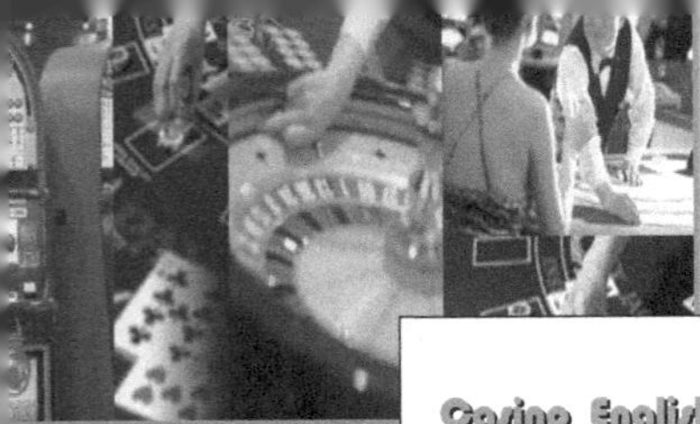

Words and Phrases

menu 식단, 메뉴

recommend 추천하다

sandwich 샌드위치[어원(語源) : 영국의 Earl of Sandwich(1718~92)가 게임 테이블에서 식사를 해결하기 위해 고안해 낸 음식에서 유래]

snack 가벼운 식사, 한 입

how much do I owe you? 얼마입니까?

on the house 가게에서 내는 턱으로, 무료로, 경영자 부담으로

are you serious? 정말입니까?

terrific 굉장한, 훌륭한

◈ 연도(Years) 읽기

2002...Year Two Thousand Two
2001...Year Two Thousand One
1998...Year Nineteen Ninety-Eight
1981...Year Nineteen Eighty-One

◈ 요일(The Days)

요일	월	화	수	목	금	토	일
day	Monday	Tuesday	Wednesday	Thursday	Friday	Saturday	Sunday

Unit 3. Beverage Service

Player : I'd like something to drink…

Dealer : Yes, you can drink free coke or anything at the snack bar.

Player : Sounds good. Where is the bar?

Dealer : It's on your right over there. You can order drinks while you are playing at the table.

Player : Good. A Screw-driver, please.

Dealer : Yes, sir, a Screw-driver… it will be served right away.

Waitress : Here is your order, a Screw-driver.

Player : Thanks for your quick service.

……… Giving her some gratuity….

Waitress : It's my pleasure, sir. And thank you for the tip.

Unit 3. 음료 주문

고객 : 뭔가 마실 게 있으면 좋겠는데…

딜러 : 네, 가벼운 콜라나 음료는 스낵 바에서 무료로 마실 수 있습니다.

고객 : 그래요? 스낵 바는 어디 있지요?

딜러 : 저쪽 오른편에 있습니다. 음료 주문은 게임 중 테이블에서 하셔도 됩니다.

고객 : 그렇습니까? 그러면, 스크루드라이버 한 잔 부탁합니다.

딜러 : 네, 스크루드라이버 한 잔… 잠시 기다려 주십시오.

웨이트리스 : 고객님, 주문하신 스크루드라이버입니다.

고객 : 빨리 가져다 주어서 감사합니다.

………팁을 제공………

웨이트리스 : 그러시다니 제가 즐겁습니다. 그리고 팁은 감사히 받겠습니다.

Words and Phrases

beverage 음료
free 무료의
coke 콜라를 일컫는 상표명(=Coca-Cola)
screw-driver 스크루드라이버(보드카와 오렌지 주스의 칵테일)
right away 바로, 곧장
gratuity 팁, 선물(present, gift), 행하
tip 팁, 행하(行下 : 하인에게 주는 약간의 금전)

WIN MARKER

Unit 4. Bartender service

Bartender : Good evening, Mr. Smith. How are you this evening?

Guest : Fine, thank you. And you?

Bartender : I'm very well, thank you. What would you like to try tonight?

Guest : I'll stick to my usual.

Bartender : A whiskey-sour. Am I correct, Mr. Smith?

Guest : Perfect!

Bartender : How's your game this evening?

Guest : So-so. It comes and goes. Well, do you have a disco in the hotel, Mr. Kim?

Bartender : No, sir. We don't. But we do have a very popular nightclub here. It's on the top floor. The group that sings there is supposed to be the best in town.

Guest : Is there dancing in the nightclub?

Bartender : Yes, sir, Sure.

Guest : Really? Then, I must give it a try.

Unit 4. 바텐더

바텐더 : 안녕하십니까, 스미스씨? 오늘 저녁은 어떠십니까?

고객 : 좋아요. 감사합니다. 당신은?

바텐더 : 저도 아주 좋습니다. 감사합니다. 오늘은 무엇으로 하시겠습니까?

고객 : 항상 마시던 걸로 주세요.

바텐더 : 위스키 사워죠, 맞습니까?

고객 : 정확합니다.

바텐더 : 오늘 게임은 어떻습니까?

고객 : 그저 그래요. 들어왔다 나갔다 하지요. 그런데 이 호텔 내에 디스코 텍이 있습니까?

바텐더 : 아뇨, 디스코 텍은 없습니다. 대신에 맨 위층에 매우 유명한 나이트 클럽이 있는데, 거기서 연주하는 그룹은 장안에서 알아줍니다.

고객 : 나이트 클럽에서 춤을 추기도 하나요?

바텐더 : 그럼요.

고객 : 그래요. 그렇다면, 꼭 한 번 가봐야겠군요.

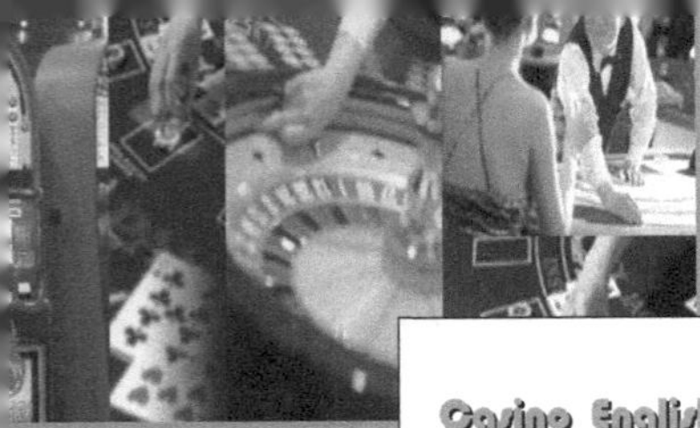

Words and Phrases

bartender 바텐더

try 시도하다

stick 끝까지 지키다, 고집하다

my usual 나의 평소의 것(음료 등)

whiskey sour 위스키 사워(위스키에 레몬 주스와 설탕을 넣은 칵테일)

so-so 좋지도 나쁘지도 않은, 그저 그런

disco 디스코 텍

CHAPTER 5

CUSTOMER SERVICE

Customer service:

Casino marketing strategies focus on three primary objectives : to attract patrons to the facility; to offer inducements for patrons to stay and play while in the facility; and to provide a gaming entertainment experience resulting in their return.

카지노의 마케팅 전략은 세 가지 기본 목표로 요약할 수 있다.

첫째, 고객을 카지노로 오게 하는 일로서, 고객 확보 목표

둘째, 방문한 고객에게 각종 매력거리를 제공하여 카지노에 체재하는 동안 게임을 하게 하는 일로서, 게임 유도 목표

끝으로, 게임을 즐겁게 한 결과 고객이 자연스럽게 카지노를 다시 찾게 하는 일로서, 재방문율 제고 목표

Words and Phrases

marketing strategies 마케팅 전략

focus on 집중시키다, 초점을 맞추다

primary 기본적인, 주요한

objective 목적, 목표

facility 시설(여기서는 '카지노'를 지칭)

patron 고객, 단골

inducement 유인, 권유, 자극, 동기 유발

entertainment 즐겁게 해 주는 것, 연예, 여흥, 파티, 연회

return 재래(再來), 순환

Unit 1. Greeting in a lounge

Host : Welcome! I'm very glad to see you again, sir.

Guest : How are you, Mr. Park.

Host : It's been a long time since you came here last. How have you been?

Guest : I've been pretty well.

Host : Where are you staying, sir?

Guest : I'm staying at the Forest Hotel.

Host : Really? How about staying here at this hotel?

Guest : Thanks, but my family came along with me this time and they like staying there.

Host : Oh, I see. Would you like to have a cup of coffee?

Guest : Sounds good!

Host : Please be seated here?

Guest : Yes, thank you.

Unit 1. 접객

직원 : 어서 오십시오. 다시 뵙게 되어 반갑습니다.

고객 : 반갑습니다. Mr 박.

직원 : 오랜만에 오셨습니다. 그간 어떻게 지내셨습니까?

고객 : 네, 잘 지내고 있습니다.

직원 : 숙박은 어디서 하고 있습니까?

고객 : 포레스트 호텔에서 숙박하고 있습니다.

직원 : 그렇습니까? 이 호텔로 투숙하시면 어떻습니까?

고객 : 아니오, 이번에 가족이 함께 와서 그곳에서 지내기로 하였습니다.

직원 : 아, 그렇군요. 그럼, 커피를 한 잔 하시겠습니까?

고객 : 네, 그렇게 하십시다.

직원 : 이쪽으로 앉으시죠?

고객 : 네, 감사합니다.

Words and Phrases

greet 인사하다, 맞이하다

how have you been? 어떻게 지냈습니까?

forest 숲, 삼림

come along 따라오다

a cup of coffee 커피 한 잔

please be seated 앉으십시오

Unit 2. Check in

Host : Please come in, sir. Welcome to our casino!

Cuest : Thank you!

Host : Have you checked in, sir?

Guest : No, I just arrived.

Host : Well, would you come along with me to the front desk and check in?

Guest : All right.

…… Arriving at the front desk ………

Host : How long will you stay this time, sir?

Guest : I will stay three nights and four days.

Host : Please fill out this registration form, sir.

Guest : Yes, I will.

Host : Have you reserved the return flight to your country, sir?

Guest : No, I have not.

Host : Then, would you please leave your ticket and passport with us?

We will make a reservation on your behalf.

Guest : You will? That's fine… Here you are.

Host : If you have any problems during your stay, please let us know anytime.

Guest : I certainly will.

Host : We will send your luggage to your room, sir.

Guest : Thank you.

Host : I'll see you later at the casino floor. Enjoy yourself, please.

MIN-MAX PLATE

MIN-MAX PLATE
W105 X D75 X H3

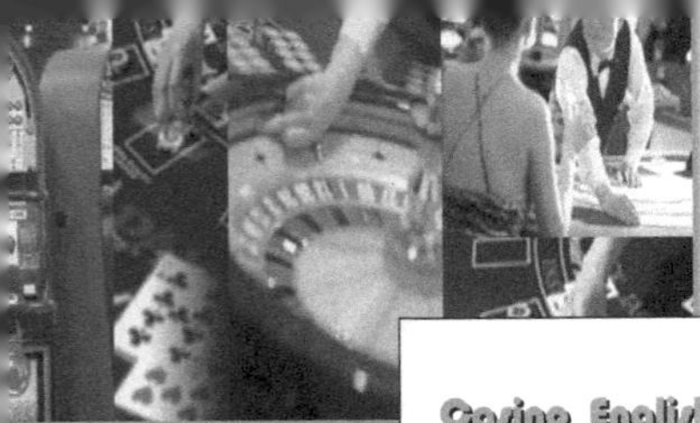

Unit 2. 체크 인

직원 : 어서 오십시오. 저희 카지노에 잘 오셨습니다.

고객 : 감사합니다.

직원 : 체크 인은 하셨습니까?

고객 : 아니오, 방금 도착하여서…

직원 : 아, 그래요? 그럼 저와 함께 프론트로 가서 지금 체크 인하시면 어떻겠습니까?

고객 : 좋습니다.

…… 프런트 데스크에서 ……

직원 : 이번에는 얼마나 계실 예정이십니까?

고객 : 한 3박 4일 정도 있을 예정입니다.

직원 : 여기 등록 카드에 기록을 해 주시겠습니까.

고객 : 네, 알겠습니다.

직원 : 귀국 항공편은 예약하셨는가요?

고객 : 아니오, 하지 않았습니다.

직원 : 그래요? 그럼, 저희에게 항공권과 여권을 맡겨 주시겠습니까? 예약을 저희가 대신 해 놓겠습니다.

고객 : 그러시겠어요? 좋습니다… 여기 있습니다.

직원 : 여기 지내시는 동안 불편한 일이 있으시면 언제든지 저희에게 말씀해 주십시오.

고객 : 네, 그렇게 하겠습니다.

직원 : 가방은 객실로 올려 드리겠습니다.

고객 : 감사합니다.

직원 : 그럼, 카지노에서 다시 뵙겠습니다. 편히 쉬십시오.

Words and Phrases

check in (호텔 · 회장에 도착하여) 기명하다, 기장하다

welcome to …에 온 것을 환영하다

front 전면, 앞면

front desk 프런트 데스크(호텔 현관 접수계)

fill out 기재하다

registration form 등록 카드, 숙박 명부

reserve 예약하다

return flight to one's country 귀국 비행기편

certainly 확실히

luggage 수화물

Unit 3. Flight Reservation

1. Reservation

Guest : Can I make a flight reservation here?

Host : Sure, which flight, sir?

Guest : I'd like to reserve a seat on flight KE 811 for Sydney, next Monday.

Host : Next Monday, KE 811?

Guest : Yes, that's right.

Host : Wait a moment, please. I'll call the Korean Airlines.

Host : Hello, is this the Korean Air reservation desk?

Airline Desk : Yes, it is. Can I help you, sir.

Host : I'd like to reserve a seat on flight KE 811 for Sydney, next Monday.

Airline Desk : A seat on flight KE 811 for Sydney, next Monday?

Wait a minute, please. I'm going to check…(A few seconds later)…

It's available. May I have the name?

Host : Yes, it's Mr. John Smith.

Airline Desk : Reserved a seat for Mr. J-o-h-n S-m-i-t-h.
Just a second, and phone number, please?

Host : The phone number is 740-1234. Well, can I get the reservation number?

Airline Desk : Sure. The reservation number is 711-7179. Thank you, sir.

Host : Mr. Smith, the reservation is made as requested. Your reservation number is 711-7179.

Guest : I've got it. Thank you very much.

Host : You are welcome.

1. 예약 서비스

고객 : 여기서 비행기 예약을 할 수 있습니까?

직원 : 그럼요, 어느 항공편을 원하십니까?

고객 : 다음 주 월요일 시드니행 KE 811편을 한 좌석 원합니다만.

직원 : 다음 주 월요일 KE 811편 말씀입니까?

고객 : 네, 맞습니다.

직원 : 잠깐만 기다려 주시기 바랍니다. 대한항공에 바로 알아보겠습니다.

직원 : 여보세요, 대한항공 예약계입니까?

항공사 : 예, 그렇습니다. 무엇을 도와 드릴까요.

직원 : 다음 주 월요일 시드니행 KE 811편 한 좌석 예약을 원합니다.

항공사 : 다음 주 월요일 시드니행 KE 811편 한 좌석이십니까? 잠시만 기다려 주십시오.
확인해 보겠습니다 …(잠시 후)… 예약 가능합니다.
성함은 어떻게 되십니까?

직원 : 예, 존 스미스씨입니다.

항공사 : 존 스미스씨(Mr. J-o-h-n S-m-i-t-h), 한 좌석 예약.
잠깐만, 그리고 연락처는 어떻게 되십니까?

직원 : 연락처는 740-1234입니다. 그런데 예약 번호는 어떻게 됩니까?

항공사 : 네. 예약 번호는 711-7179가 됩니다. 감사합니다.

직원 : 스미스씨, 원하시는 데로 예약이 되었습니다. 예약 번호는 711-7179입니다.

고객 : 네, 대단히 감사합니다.

직원 : 천만의 말씀입니다.

Words and Phrases

flight reservation 항공편 예약

reserve a seat 좌석을 예약하다

be going to 할 예정이다

available 이용 가능한, 유용한

reservation number 예약 번호

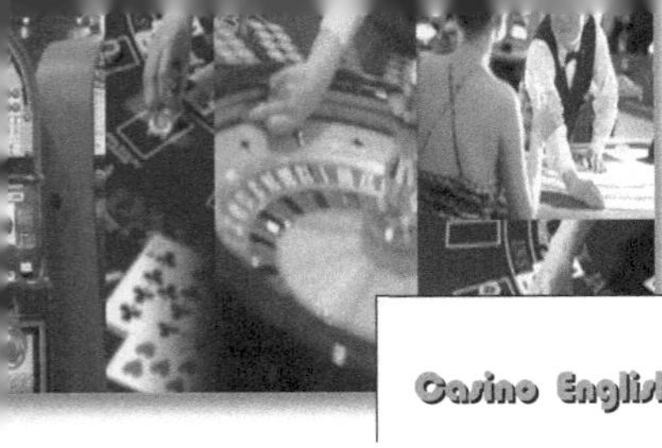

2. Confirmation

Guest : Can you confirm my flight reservation here?

Host : Yes, sir. Have you got a ticket?

Guest : Yes, here you are.

Host : That is tomorrow's flight OZ 202 to Los Angeles. One moment, please…

Thank you for waiting, your reservation is confirmed well — tomorrow's flight OZ 202 to Los Angeles.

Guest : Alright. Thanks a lot.

Host : Well, please check in at the airport two hours prior to the departure time.

Guest : Yes, I will.

2. 예약 확인

고객 : 비행기 예약이 잘 되어 있는지 여기서 확인해 줄 수 있습니까?

직원 : 그럼요. 티켓은 가지고 계십니까?

고객 : 네, 가지고 있습니다.

직원 : 내일 로스앤젤레스 OZ 202편이군요. 잠시만 기다려 주십시오.
기다려 주셔서 감사합니다. 내일 로스앤젤레스 OZ 202편 예약이 잘 되어 있습니다.

고객 : 감사합니다.

직원 : 그리고 출발 2시간 전에 공항에 나가 출국 수속을 해 주시기 바랍니다.

고객 : 네, 알겠습니다.

Words and Phrases

confirm 확인하다

check in 탑승 절차를 밟다

prior to …보다 먼저, …에 앞서서

departure 출발

departure time 출발 시간

Unit 4. Airport Reception

Airport Rep. : Excuse me, but aren't you Mr. and Mrs. Richard Harrison from Harry Corporation in Hong Kong?

Guest 1 (Mr. Harrison) : Oh yes, that's right. Are you with the Tourist Casino?

Airport Rep. : Yes, Mr. Harrison. My name is Kim Jin-Ho, and I am the airport representative. At your service, we were expecting you.

Airport Rep. : Welcome to Korea. How was your trip?

Guest 2 (Mrs. Harrison) : Oh, it was a little boring.

Airport Rep. : Mrs. Harrison, may I help you with that?

Guest 2 (Mrs. Harrison) : Oh, please do. I would appreciate that.

Airport Rep. : Would you come this way, please. The limousine is waiting outside to take you to the casino.

Airport Rep. : The limousine is over there. Would you follow me, please! Watch out for the traffic. It moves rather quickly.

… They arrive at the limousine …

Airport Rep. : Please let me help you into the limousine. This luggage can go into the back. Have a nice time in the casino!

Guest 1 (Mr. Harrison) : Thank you very much.

Unit 4. 공항 영접

공항안내 : 실례합니다만, 홍콩의 해리상사에서 오신 리차드 해리슨씨 부부가 아니십니까?

고객 1 (Mr. Harrison) : 네, 그렇습니다. 관광 카지노에서 나오셨습니까?

공항안내 : 그렇습니다. 제 이름은 김진호라고 하며, 공항 안내를 맡고 있습니다. 기다리고 있었습니다.

공항안내 : 한국에 오신 것을 환영합니다. 여행은 어떠했습니까?

고객 2 (Mrs. Harrison) : 다소 지루했습니다.

공항안내 : 짐은 제가 들어 드리지요. 해리슨 부인.

고객 2 (Mrs. Harrison) : 네, 정말 감사합니다.

공항안내 : 이쪽으로 오십시오. 카지노까지 모시고 갈 차가 밖에 대기중입니다.

공항안내 : 차는 저쪽에 있습니다. 저를 따라 오십시오. 차 조심하십시오. 상당히 빨리 움직이고 있으니까요.

… 차에 다다른 후 …

공항안내 : 차에 오르시도록 도와 드리겠습니다. 이 짐은 트렁크에 싣도록 하겠습니다. 카지노에서 즐거운 시간 보내시기 바랍니다.

고객 1 (Mr. Harrison) : 감사합니다.

Words and Phrases

reception 영접, 환영회, 리셉션
corporation 법인, 회사
tourist 관광객
representative 대표자, 파견자, 대리인
at a person's service 언제든지 남에게 도움이 되는, 남의 자유에 맡겨
boring 지루한, 싫증나게 하는
appreciate 을 감사하다, 고맙게 생각하다
traffic (내왕하는) 차, 교통(량)

Unit 5. Airport Farewell

Airport Rep. : Good afternoon, sir. Are you Mr. John Smith?

Guest : That's right. I am looking for the Korean Air counter.

Airport Rep. : Yes, sir. I am Park Young-Jun, the airport representative of the Tourist Casino, and I was expecting you. I will help you check in.

Guest : Oh yeah? Thank you.

Airport Rep. : I understand that you are leaving for Sydney via KE 811. I have just learned that the flight will be delayed 20 minutes.

Guest : Really? Thank you for letting me know. I will have time to do a little browsing around at the airport.

Airport Rep. : Mr. Smith. How were the games in the casino?

Guest : Not so bad.

… After a little while…

Airport Rep. : Mr. Smith. Will you follow me please? I will help you check your luggage.

Guest : Oh, yes. Thanks.

Airport Rep. : Is this all your luggage, sir?

Guest : Yes, it is.

Airport Rep. : Mr. Smith, I hope you have a very pleasant trip. See you again soon.

Guest : Thank you. Goodbye.

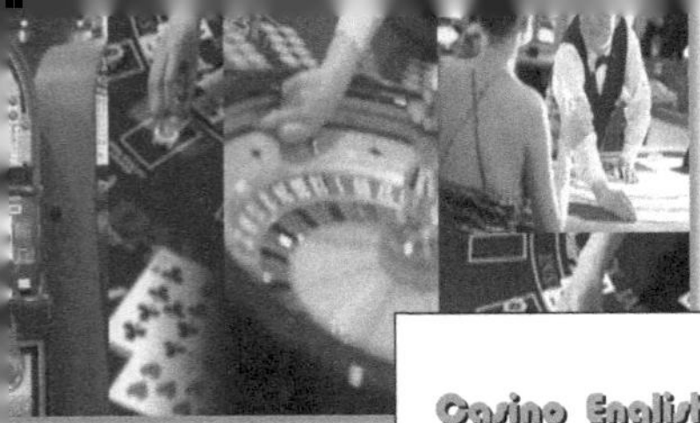

Unit 5. 공항 환송

공항안내 : 안녕하십니까? 존 스미스씨가 맞으시죠?

고객 : 네, 맞습니다. 지금 대한항공의 카운터를 찾고 있습니다.

공항안내 : 네, 알겠습니다. 저는 관광 카지노의 공항 안내원 박영준이라고 합니다. 기다리고 있었습니다. 수속하시는 것을 도와 드리겠습니다.

고객 : 아, 그래요? 감사합니다.

공항안내 : 손님께서는 KE 811편으로 시드니까지 가시는 것으로 알고 있습니다. 방금 전에 알아 본 바로는 이륙이 20분쯤 지연될 거라고 합니다.

고객 : 그렇습니까? 알려주셔서 감사합니다. 그럼 공항에서 좀 쉴 시간이 있겠군요.

공항안내 : 스미스씨, 게임은 어떠했습니까?

고객 : 그저 그랬습니다.

… 얼마 후 …

공항안내 : 스미스씨, 이쪽으로 와 주시겠습니까? 짐 부치시는 것을 도와 드리겠습니다.

고객 : 네, 감사합니다.

공항안내 : 이것이 당신 짐 전부입니까?

고객 : 예, 그렇습니다.

공항안내 : 즐거운 여행이 되십시오. 다시 뵙게 되길 바랍니다.

고객 : 감사합니다. 안녕.

Words and Phrases

farewell 환송, 작별 인사, 송별회
expect 오기를 기대하다, 기다리다
leave for (…을 향해) 떠나(가)다
delay 지연되다, 늦어지다
browse 천천히 구경하다, 대강 훑어보다

MARKING PLATE

CALL BELL

CHAPTER 6

BLACKJACK

Blackjack:

Also known as "21", Vignt-et-un (French), B.J., Van John, and Pontoon, this is the most popular card game. Part of its attraction is its simplicity. It is played in homes, as well as in casinos, all around the world.

Each player plays against the dealer, not against each other, and the goal is to reach a score that is nearer to 21 than the dealer's. There are numerous minor rule variations as the game is played around the globe, so it is important to make sure all players are well aware of the local rules.

블랙잭은 Twenty-One, Vingt-et-un, B.J., Van John, Pontoon이라고도 하며, 가장 인기 있는 카드 게임이다. 이 게임의 매력은 단순한 데 있으며, 카지노에서 뿐만 아니라 가정에서도 할 수 있는 세계적인 게임이다.

플레이어는 게임 참가자가 아닌, 딜러를 상대로 게임하며, 카드 점수가 딜러보다 21 또는 21에 가깝게 하는데 목적이 있다. 전세계에서 애용되는 게임이라 게임 규칙은 지역에 따라 조금씩 차이가 있다. 따라서 플레이어는 해당 지역의 규칙을 잘 알아둘 필요가 있다.

Words and Phrases

popular 인기 있는, 대중적인

attraction 매력

simplicity 단순성

score 점수

numerous 여러 가지

minor 소수의, 사소한

variation 변화, 변동

aware 알아채고 있는, (…임을) 알고 있는

local 특정한 장소의, 어떤 토지에 한정된, 그 고장(특유)의, 지방의

Unit 1. Introduction

Dealer : Good afternoon, sir. Welcome to the blackjack table.

Player : What kind of game is blackjack?

Dealer : Blackjack, also known as a twenty-one game, is a card game played throughout the world.

Player : Why is blackjack called "twenty-one"?

Dealer : Well sir, it's because the object of the game is to have cards total 21, or as near to 21 as possible.

Player : Of course, the player wins if his points are higher than the dealer.

Dealer : Yes, sir. You are right.

Player : Well, which cards make a blackjack?

Dealer : If the first two cards are an ace and a ten value card, the hand totals 21 and is called blackjack.

Player : I see the point. How many players does the game have?

Dealer : It generally has a dealer and from one to seven players.

Player : Oh, I see, then how to begin the game?

Dealer : To begin the game a dealer randomly shuffle the cards and players place their bets. The dealer then deals cards to each player, starting from his left to right. The dealer also deals the cards to himself.

Player : Well. Shall I begin the game?

Dealer : Yes, sir. However, two hands are required when playing alone at the table.

Player : Oh? That's fine.

BARRIER STAND SET

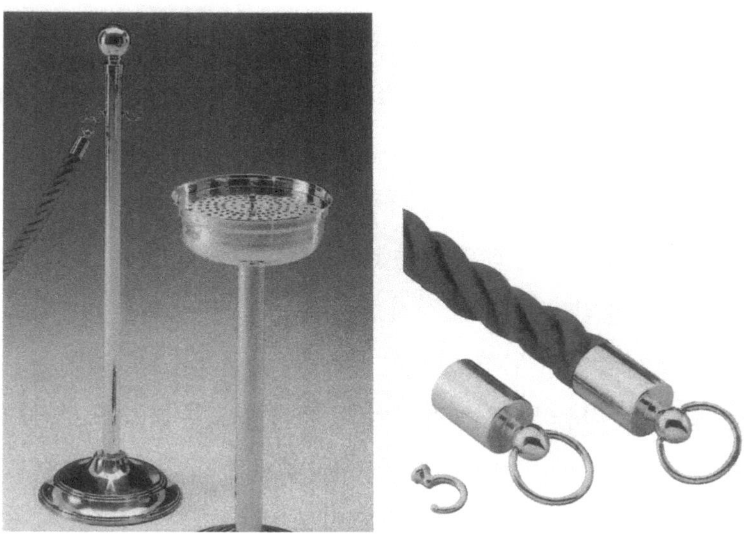

Unit 1. 게임 소개

딜러 : 안녕하십니까? 블랙잭 테이블에 오신 것을 환영합니다.

고객 : 블랙잭은 어떤 게임인가요?

딜러 : 블랙잭은 전세계에 널리 알려진 카드 게임인데, 21 게임이라고도 합니다.

고객 : 왜, 블랙잭을 21 게임이라고 합니까?

딜러 : 네, 그것은 이 게임의 목적이 보유 카드의 합계가 21이 되거나, 최대한 21에 가깝게 만드는 데 있기 때문입니다.

고객 : 물론, 플레이어의 점수가 딜러보다 높아야 이기게 되겠지요.

딜러 : 네, 그렇습니다.

고객 : 그럼, 어떤 카드가 블랙잭이 됩니까?

딜러 : 네, 처음 카드 2장이 에이스와 10카드를 합쳐 21이 되는 핸드가 블랙잭이 됩니다.

고객 : 그렇군요. 그럼, 게임은 몇 사람이 할 수 있습니까?

딜러 : 보통 딜러 1명에 플레이어는 1명에서 7명까지 할 수 있습니다.

고객 : 네, 그럼. 게임은 어떻게 시작합니까?

딜러 : 게임을 시작하기 위해 딜러는 카드 셔플을 하고 플레이어는 베팅을 합니다. 다음 딜러는 자신의 왼쪽에서 오른쪽 순으로 플레이어에게 카드를 딜링합니다. 물론 자신에게도 마찬가지입니다.

고객 : 네 잘 알겠습니다. 그럼, 나도 게임을 해 볼까요?

딜러 : 네, 좋습니다. 그런데, 혼자하실 때에는 두 핸드 이상을 하셔야 합니다.

고객 : 그래요? 좋습니다.

Words and Phrases

twenty-one 21, 블랙잭(카드놀이<美> blackjack, <英> pontoon)

throughout 두루, 도처에

object 목적, 대상

near to 가까운

value 가치

randomly 무작위로

shuffle 뒤섞다, 셔플하다

hand 패, 한판(round)

Unit 2. Chips

Dealer：Good afternoon, sir. Welcome to our casino.

Player：Good afternoon. I'd like to buy some chips.

Dealer：Yes, sir. Check change! One million two hundred thousand won.

Player：Yes.

Dealer：Hold on a moment, please.

Dealer：Here are the chips for one million two hundred thousand won. Please check them.

Player：Thanks, it's correct.

Dealer：Do you want to play the game.

Player：Yes, I do.

Dealer：Alright. Check, please!

Unit 2. 칩스 교환

딜러 : 안녕하십니까. 어서 오십시오.

고객 : 안녕하십니까. 이 돈을 칩으로 바꾸어 주세요.

딜러 : 네, 알겠습니다. 머니 체인지! 120만원이군요.

고객 : 그렇습니다.

딜러 : 잠깐만 기다려 주십시오.

딜러 : 여기 120만원의 칩입니다. 확인바랍니다.

고객 : 고맙습니다. 틀림없군요.

딜러 : 게임하시겠습니까?

고객 : 네, 그럼요.

딜러 : 알겠습니다. 첵 플리즈(게임 시작을 알리는 "체크 콜링").

Words and Phrases

would like to …하고 싶다

check change 칩스교환 확인

hold on 기다리다, 확보해 두다, 잡아두다

check 확인하다

check, please (게임 시작을) 확인 바람

Unit 3. Betting

Dealer : Would you like to play the game?

Player : Yes, please.

Dealer : Now, we are ready. Check, please!

Dealer : Please place your bet, first.

Player : What is the table limit?

Dealer : Each table has minimum and maximum bets.

Dealer : The limits at this table are five thousand won, minimum and three hundred thousand won, maximum.

Player : I see. I'll bet two hands, one for fifty thousand the other for seventy thousand won respectively.

Dealer : Please place your bets in the appropriate betting circle.

Dealer : Any more bets?

Dealer : (A few seconds later…) No more bet.

Dealer : Please do not touch your chips on the betting space, after the cards are being dealt out of the shoe.

Player : I've got it.

Unit 3. 베팅

딜러 : 게임하시겠습니까?

고객 : 네, 부탁합니다.

딜러 : 자, 준비되었습니다. 첵 플리즈(게임 시작을 알리는 "체크 콜링").

딜러 : 먼저, 베팅하여 주십시오.

고객 : 이 테이블의 베팅 리미트는 어떻게 됩니까?

딜러 : 네, 테이블에 따라 미니멈과 맥시멈이 설정되어 있습니다.

딜러 : 이 테이블의 베팅 리미트는 미니멈 5천원, 맥시멈 30만원입니다.

고객 : 알겠습니다. 나는 이쪽에 5만원, 저쪽 7만원 해서 2핸드에 걸겠습니다.

딜러 : 베팅은 베팅 자리에 해 주시기 바랍니다.

딜러 : 베팅 더 하시겠습니까?

딜러 : (잠시 후…) 더 이상의 베팅은 안 됩니다.

딜러 : 일단 베팅한 칩은 게임이 진행되는 동안 손대지 마셔야 합니다.

고객 : 알겠습니다.

Words and Phrases

betting 내기, 걸기

place 두다, 놓다

limit 제한, 한 번에 걸 수 있는 한도액

minimum bet 한 번에 걸 수 있는 최저액

maximum bet 한 번에 걸 수 있는 최고액

respectively 각각

appropriate 적절한

betting circle (둥근 원으로 그려진) 베팅 자리

Tips for Blackjack Dealer

- Be especially aware of the original bet when players are splitting, doubling, insuring.
- A blackjack payout is always a mistake-prone bet.
- Do not allow the players to touch the cards.
- The cards in the shoe and the cards in the discard rack must equal the total.
- Keep a continuous eye on the shoe.
- Be aware of habitual late bettors.

◈ Tips for Blackjack Dealer

- 플레이어가 스플릿, 더블다운 및 인슈어런스를 할 때에는 원래의 베팅액이 얼마인지 특별히 주의를 기울일 것.
- 블랙잭 지불은 실수하기 쉬우므로 정확을 기할 것.
- 플레이어가 카드를 만지지 않도록 주의를 기울일 것.
- 슈에 있는 카드의 매수는 나중 디스카드 랙에 모여진 카드 매수와 반드시 일치하여야 함.
- 슈에서 눈을 떼지 말고 잘 관찰할 것.
- 베팅을 상습적으로 늦게 하는 플레이어를 특히 주의할 것.

Unit 4. Game Procedures

1. Hit, Stand

Dealer : Bets down, please!

Player : Yeah.

Dealer : Any more bets?··· No more bets.

··· After the cards are dealt ···

Dealer : Sir, please make it clear, hit or stand.

Player : Well.

Dealer : Please keep your hand off the cards.

Player : Um···

Dealer : Hit or stand?

Player : Hit, please.

Dealer : Yes sir. One more card.

Player : Wow, It's twenty. Now I stand.

Dealer : Dealer, nineteen. You win.

Dealer : Congratulations!

Player : Thanks.

1. 히트와 스탠드

딜러 : 베팅하십시오.

고객 : 알겠습니다.

딜러 : 더 베팅하시겠습니까?… 베팅 마감합니다.

… 카드 딜링 후 …

딜러 : 고객님, 히트인지 스탠드인지 명확히 해 주십시오.

고객 : 어떻게 하지.

딜러 : 카드에 손대지 말아 주십시오.

고객 : 음…

딜러 : 히트하시겠습니까? 스탠드하시겠습니까?

고객 : 히트하겠습니다.

딜러 : 네, 추가 카드입니다.

고객 : 야, 20이군. 이제, 스탠드하겠습니다.

딜러 : 딜러 19. 고객이 이겼습니다.

딜러 : 축하합니다.

고객 : 감사합니다.

Words and Phrases

bets down, please! 베팅하십시오

no more bets 베팅 마감

make it clear 분명히 하다

hit 쳐서 맞추기, 추가 카드 받기

stand 멈추어 서기, 추가 카드 받지 않기

keep off 손대지 않도록 해 두다

DROP BOX

2. Split

Dealer : Sir, your initial two cards are of equal value. Will you split?

Player : What is a split?

Dealer : Whenever the first two cards turn out to be identical, players may elect to split the hand into two separate hands — that's a split.

Player : Is that so? O.K. Split, please.

Dealer : If you "split," it's expected that you bet the same amount in the new hand as in the original hand.

Player : Oh, I see. Will it be all right to bet the equal amount in this new hand like this?

Dealer : Yes, sir. That's fine.

Player : Is a split possible here?

Dealer : Yes, it is. Your two cards are an ace pair. When splitting aces, you can draw only one card for each.

Player : I see. Split, please.

Dealer : Yes, sir. Bet in the new hand, please.

Player : Yes, I'll bet the equal amount 50,000 won.

Dealer : Original hand··· card eight, total nineteen.

Dealer : New hand··· card nine, total twenty.

Dealer : Dealer seventeen, you win in both hands. Congratulations.

2. 스플릿

딜러 : 고객, 처음 카드 두 장이 같은 숫자입니다. 스플릿하시겠습니까?

고객 : 스플릿이 무엇이죠?

딜러 : 네, 처음 카드 두 장이 똑같은 숫자일 경우, 카드 두 장을 나누어 두 핸드로 하고자 할 경우를 스플릿이라 합니다.

고객 : 그래요? 그럼 스플릿해 주세요.

딜러 : 네. 스플릿을 하시면, 나뉘게 된 새 핸드에 원래 핸드에서 하신 동일한 금액을 베팅하셔야 합니다.

고객 : 알겠습니다. 이렇게 원래 베팅액과 같은 금액을 새 핸드에 다시 베팅하면 됩니까?

딜러 : 네, 잘 되었습니다.

고객 : 이것도 스플릿할 수 있습니까?

딜러 : 네, 할 수 있습니다. 두 장의 카드가 에이스인데, 에이스카드는 스플릿을 할 경우 한 장만 받을 수 있습니다.

고객 : 그렇군요. 스플릿 부탁합니다.

딜러 : 네, 새 핸드에 베팅해 주실까요.

고객 : 알겠습니다. 같은 금액 5만원 베팅합니다.

딜러 : 원래 핸드 … 추가 카드 8, 합계 19입니다.

딜러 : 새 핸드 … 추가 카드 9, 합계 20입니다.

딜러 : 딜러 17입니다. 고객께서 두 핸드 모두 이겼습니다. 축하합니다.

Words and Phrases

split 쪼개기, 분할

identical 똑같은, 동일한

separate 별개의

turn out …이 되다

elect 선택하다, 결정하다

pair (같은 종류의 2개로 되는) 한 쌍

3. Double Down

Dealer : Bets down, please.

Dealer : Any more bets?

Player : That's all. By the way, how do I double down?

Dealer : Doubling or double down means making an additional wager equal to the original bet on any first two cards totaling 9, 10 or 11.

Player : Yes, and when do I double down?

Dealer : It is available to any two original cards.

Player : Well, how many cards can I receive?

Dealer : When a player doubles, he receives only one additional card.

Player : I see. My first two cards total 11. Double down please.

Dealer : Yes, sir. Additional card 9, total 20.

Dealer : Dealer 18, you win. Congratulations.

Player : Thanks.

3. 더블다운

딜러 : 베팅바랍니다.

딜러 : 조금 더 베팅하시겠습니까?

고객 : 이대로 하겠습니다. 그런데, 더블다운은 어떻게 합니까?

딜러 : 네, 더블다운은 처음 카드 두 장의 합이 9, 10 또는 11일 경우 원래 베팅액과 같은 금액을 추가로 더 거는 것을 말합니다.

고객 : 네, 어떤 경우에 더블다운이 가능합니까?

딜러 : 그것은 처음 카드 2장에 한해서 할 수 있습니다.

고객 : 그럼, 카드는 몇 장이나 받을 수 있습니까?

딜러 : 더블다운의 경우 단 1장만 추가로 받을 수 있습니다.

고객 : 그렇군요. 이 카드는 합이 11이므로 더블다운하겠습니다.

딜러 : 네, 알겠습니다. 추가 카드 9, 합해서 20입니다.

딜러 : 딜러 18입니다. 고객이 이겼습니다. 축하합니다.

고객 : 감사합니다.

Words and Phrases

double down 처음 카드 두 장을 받아보고 베팅을 두 배로 늘리는 것

additional 추가된, 가외의

wager (내기에) 건 돈, 내기

4. Blackjack

Dealer : Please bet.

Player : I'll wager two hundred thousand won.

Dealer : Any more bets.

Player : Just a second. I have a question. What is blackjack?

Dealer : Yes sir, blackjack is··· a hand of cards where the first two cards consist of an ace with any ten (10) value card, totaling twenty-one (21).

Player : Oh, I see. How about the payout?

Dealer : The payment will be one and a half to one.

Player : But what if the dealer also gets blackjack, Then what?

Dealer : Good question! In that case, it will be a stand-off or push. Neither wins.

Dealer : When the dealer has an ace shown and the player has blackjack, the dealer asks the player if he wants to be paid the same amount of his bet before the dealer draws the third card for any player. If the player agrees, he will be paid one to one, so-called "even money."

Player : Oh, I see.

4. 블랙잭

딜러 : 베팅바랍니다.

고객 : 나는 20만원 베팅하겠습니다.

딜러 : 더 베팅하시지 않겠습니까?

고객 : 잠깐, 궁금한 점이 있습니다. 블랙잭은 어떤 것입니까?

딜러 : 네, 블랙잭이란 처음 카드 2장이 에이스와 10카드를 합쳐 21이 되는 핸드를 말합니다.

고객 : 그렇습니까? 배당 지불금은 어떻게 됩니까?

딜러 : 지불금은 베팅금의 1.5배를 받게 됩니다.

고객 : 그런데 만일 딜러도 블랙잭을 가졌을 경우에는 어떻게 됩니까?

딜러 : 네, 좋은 질문입니다. 그런 경우는 "스탠드오프" 또는 "푸쉬"라고 하며, 서로 비기게 됩니다.

딜러 : 고객이 블랙잭 카드를 갖고 있고 딜러의 오픈 카드가 에이스일 경우 딜러가 게임에 참가한 다른 고객에게 세 번째 카드를 진행하기 전에 고객에게 1배의 배당금 지불을 받을 것인지 물어 봅니다. 이때 고객이 동의를 하면 1배의 배당금을 지불하는데, 이것을 "이븐머니"라고 합니다.

고객 : 네, 그렇군요.

Words and Phrases

value 가치, 값

total 합계 …이 되다

consist of 이루어지다, 구성되다

payout 지불금

stand-off 동점, 무승부, 비김

neither 어느 것도 …이 아니다

even money 일 대 일의 배당금, 한 배(倍)의 배당금

BLACKJACK

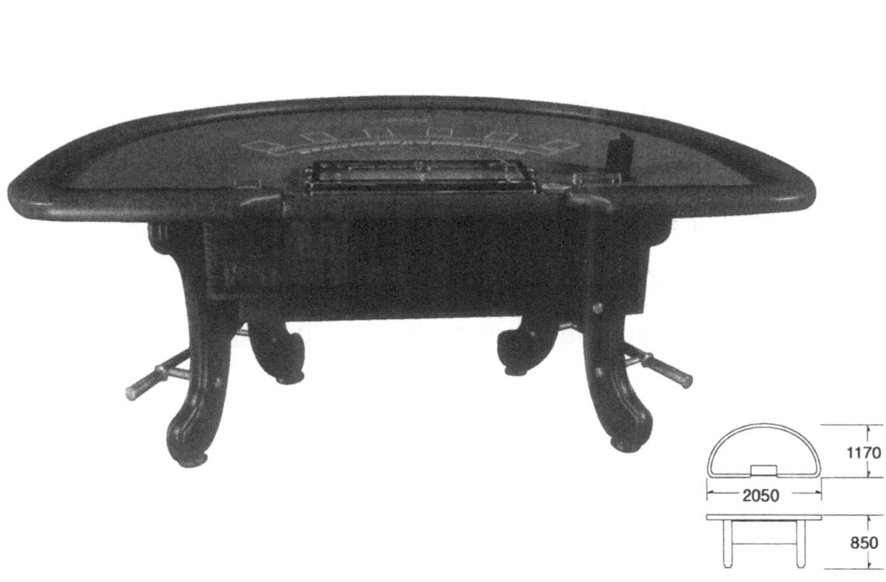

5. Surrender

Dealer : Bets down please··· Any more bets?

Dealer : No more bets.

Player : The cards total thirteen (13). No good.

Dealer : Will you surrender?

Player : What does "surrender" mean?

Dealer : If you do not think your initial two cards are a winning hand, you may surrender or give up the hand. It is called a surrender, or doing a surrender.

Player : Well, what happens to the bets?

Dealer : When you surrender, half of the original bet will be removed.

Player : Oh, I see. I'll surrender.

Dealer : O. K, then I'll take one half of your bet.

5. 서렌더

딜러 : 베팅하십시오… 베팅 더 하시겠습니까?

딜러 : 베팅 마감입니다.

고객 : 카드가 13인데 좋지 않군.

딜러 : 서렌더하시겠습니까?

고객 : "서렌더"는 어떤 것입니까?

딜러 : 네, 처음 카드 2장이 게임에서 승산이 없다고 생각될 경우 그 게임을 포기하는 것을 "서랜더"라고 합니다.

고객 : 그러면, 베팅금은 어떻게 됩니까?

딜러 : 네, 서랜더를 할 경우, 베팅금의 절반은 딜러가 가져갑니다.

고객 : 아, 그렇군요. 서렌더하겠습니다.

딜러 : 알겠습니다. 그럼 베팅금의 절반은 가져갑니다.

Words and Phrases

surrender 포기, 양도

initial 처음의

give up 포기하다

remove 제거하다, 치우다

6. Insurance

Dealer : Place your bet, please…

Player : I'll bet one hundred thousand won on my hand.

Dealer : Any more bets?… No more bets.

Dealer : Please keep your hand off the betting chips.

Dealer : Dealer's face-up card is an ace. Insurance bet, if you please.

Player : How do I place an insurance bet?

Dealer : Insurance is an option to the player to bet an amount up to half of the initial wager.

Player : What happens after the insurance bet?

Dealer : If the dealer has blackjack, the player will lose the original bet. However the insurance bet will be paid two to one, it comes to an offset.

Player : What if the dealer has no blackjack?

Dealer : If the dealer has no blackjack, the insurance bet loses and the game proceeds.

Player : It's very interesting.

Dealer : Any more insurance bets? This is the last call.

Player : I'll place an insurance bet.

Dealer : Dealer, blackjack.

6. 인슈어런스

딜러 : 베팅바랍니다.

고객 : 나는 내 핸드에 십만원 걸겠습니다.

딜러 : 베팅 더 하시겠습니까?… 베팅 마감입니다.

딜러 : 베팅 칩스에 손을 대지 말아 주십시오.

딜러 : 딜러 오픈 카드 에이스. 보험거시고 싶으시면 걸어 주십시오.

고객 : 보험은 어떻게 거는 것입니까?

딜러 : 네, 보험은 선택 사항으로서 원래 베팅액의 절반까지 거실 수 있습니다.

고객 : 보험을 걸게 되면 어떻게 되는 것입니까?

딜러 : 딜러가 블랙잭이 되면 원래의 베팅액은 잃지만, 보험에 건 베팅액에 대해선 두 배의 지불금을 받기 때문에 결국은 비기게 됩니다.

고객 : 그럼 딜러가 블랙잭이 아니면 어떻게 됩니까?

딜러 : 딜러가 블랙잭이 아닐 경우, 보험에 건 베팅액은 잃게 되고 게임은 그대로 진행됩니다.

고객 : 참, 재미있군요.

딜러 : 보험에 거실 분 더 없습니까? 라스트 콜입니다.

고객 : 보험에 걸겠습니다.

딜러 : 딜러, 블랙잭입니다.

Words and Phrases

insurance 보험

face-up 얼굴(그림)을 위로 향하고, 겉을 위로 하여

option 선택권

proceed 진행하다, 나아가다.

offset 상쇄하는 것, (…에의) 보상

◈ Blackjack Basic Strategy Chart (블랙잭 기본전략 도표)

주(註) : 이 도표는 고객인 플레이어의 입장에서 수립한 기본전략이다. 즉, 딜러의 펼쳐 놓은 업카드(upcard : 오픈카드)에 따라 플레이어가 대처할 전략의 기본을 펼쳐 놓은 것이다.

S = Stand

H = Hit

D = Double Down

SP = SPlit

	← Dealer's Upcard →									
Player's Hand ↓	2	3	4	5	6	7	8	9	10	A
17	S	S	S	S	S	S	S	S	S	S
16	S	S	S	S	S	H	H	H	H	H
15	S	S	S	S	S	H	H	H	H	H
14	S	S	S	S	S	H	H	H	H	H
13	S	S	S	S	S	H	H	H	H	H
12	H	H	S	S	S	H	H	H	H	H
11	D	D	D	D	D	D	D	D	D	D
10	D	D	D	D	D	D	D	D	D	H
9	D	D	D	D	D	H	H	H	H	H
5+3, 6+2	H	H	H	D	D	H	H	H	H	H
A+8	S	S	S	S	D	S	S	S	S	S
A+7	S	D	D	D	D	S	S	H	H	H
A+6	D	D	D	D	D	H	H	H	H	H
A+5	H	H	D	D	D	H	H	H	H	H
A+4	H	H	D	D	D	H	H	H	H	H
A+3	H	H	D	D	D	H	H	H	H	H
A+2	H	H	D	D	D	H	H	H	H	H
A+A	SP	SP	SP	SP	SP	SP	SP	SP	SP	SP
9+9	SP	SP	SP	SP	SP	S	SP	SP	S	S
8+8	SP	SP	SP	SP	SP	SP	SP	SP	SP	SP
7+7	SP	SP	SP	SP	SP	SP	SP	H	S	S
6+6	SP	SP	SP	SP	SP	SP	H	H	H	H
5+5	D	D	D	D	D	D	D	D	H	H
4+4	H	H	SP	SP	SP	H	H	H	H	H
3+3	SP	SP	SP	SP	SP	SP	H	H	H	H
2+2	SP	SP	SP	SP	SP	SP	H	H	H	H

Unit 5. Game Rules

BLACKJACK Rules

The player's object in the game is to beat the dealer by drawing a hand as close to 21 as possible without going over. The player wins if his total is higher than the dealer.

Picture cards as king, queen and jack count 10, other cards count at their face value except the ace which counts as one or eleven, at the option of the player. The dealer deals two cards, face-up, to each of the players and two cards to himself, one face-down and the other face-up.

If a player's cards sum to more than 21, it is called "bust." If the first two cards are an ace and a ten value card, the hand totals 21 and is called "blackjack," which receives one and a half to one. Winning player hands are paid at a rate of one to one. If both the dealer and the player have blackjacks, it is a "stand-off" or "push"- neither wins.

If a player feels the total of his first two cards can beat the dealer's total, he "stands pat" or "stays" and do not draw additional cards. If he feels that the dealer has cards that can beat his total, ask for additional cards, one at a time. This is called a "hit."

After each player is satisfied, the dealer exposes his face down card. If his two cards total 16 or less, he must hit until he reaches 17. He cannot hit after he reaches 17 or over.

If a player's total is closer to 21 than the dealer's, the player wins even money for his bet. If the dealer's total is less than the player's or if the dealer "busts," the player wins.

When the dealer has an ace showing and the player has a blackjack, the player may request same amount of his bet before the dealer draws the third card for any player. It is called "even money."

If any initial two cards are identical in value, a player can "split" them and play two hands. The player must place an additional wager on this hand of equal value to that of the first hand, and can receive as many cards as he wishes with the exception of aces.

Double down is an option to a player to double his bet after looking at the first two cards. To double down the player shall make an additional wager equal to his original bet and must draw only one additional card.

Insurance is an option to a player to bet 1/2 or less of his original bet when the dealer's face-up card is an ace, to protect his original bet against the dealer's possible blackjack. Insurance bet can be placed prior to any additional cards being dealt to any of the players. If the dealer has a blackjack, the player's original bet will lose and insurance bet will be paid 2 to 1. If the dealer has no blackjack, the insurance bet loses and the game proceeds.

Surrender is an option to a player to cut his potential loss. This option allows the player to throw in his hand and give up one-half of the original bet after evaluating his initial two cards and the dealer's face-up card. Surrender is usually offered only when the dealer does not have a blackjack.

블랙잭 게임 규칙

이 게임의 목적은 보유 카드의 합계가 21이 되거나, 딜러보다 먼저 최대한 21에 가깝게 만드는 것이다. 플레이어가 가진 카드 숫자의 합이 딜러보다 높은 점수가 나오면 이기게 된다.

숫자가 기입된 카드는 카드 숫자대로 계산하며, 그림이 그려진 카드인 킹, 퀸, 잭은 전부 10으로 계산하고, 에이스카드는 1 또는 11에서 좋은 쪽으로 계산한다. 딜러는 각각의 플레이어에게 우측부터 순서에 의해서 2장의 카드를 오픈해서 분배하고, 딜러는 첫 장의 카드만 오픈하며, 두 번째 카드는 첫 번째 카드 밑에 엎어서 놓는다.

카드 숫자의 합이 21을 넘으면 우선적으로 진다("버스트"). 그러나 에이스카드 1매와 10, 킹, 퀸, 잭 등의 10카드 1매로 처음 카드 2매의 합계가 21이 되었을 경우 "블랙잭"이라 하여 1.5배의 배당을 받는다. 그러나 딜러가 같은 블랙잭이라면 비기게 되며, 이것을 "스탠드-오프" 또는 "푸쉬"라고 한다.

처음 카드 2매의 합계가 딜러의 카드 숫자의 합계보다 높은 점수라 생각되어 그 이상 카드를 받을 필요가 없으면 "스탠드 팻" 또는 "스테이"라고 한다. 그러나 딜러에게 이기기 위하여 카드를 추가로 받을 필요가 있으면 그 때마다 "히트"라고 한다.

각각 프레이어의 순서에 의해서 카드 조합이 끝나면 딜러는 자신의 다운카드를 오픈한다. 딜러 카드가 16 이하일 경우, 딜러는 17 이상이 될 때까지 히트를 하여야 한다. 17 이상이 되면 더 이상 히트할 수 없다.

플레이어 카드의 합이 21에 근접한 숫자로서 딜러를 이길 경우, 한 배의 배당금을 받는다. 또한 딜러가 플레이어보다 낮은 숫자이거나 또는 21을 넘길 경우 플레이어가 이기게 된다.

플레이어가 블랙잭 카드를 가지고 있고 딜러의 오픈 카드가 에이스일 경우 딜러가 게임에 참가한 다른 플레이어에게 세 번째 카드를 진행하기 전에 1배의 배당금을 요구하는 것을 “이븐 머니”라고 한다.

스플릿은 처음에 받은 카드 2장이 같은 숫자일 경우 카드 두 장을 분리하여 2개의 핸드로 나눌 수가 있다. 이때 추가된 새 핸드에는 반드시 원래의 베팅액과 같은 금액이 베팅되어야 한다. 각 핸드는 에이스카드를 스플릿한 경우만 제외하고 원하는 만큼 카드를 받을 수 있다.

더블다운은 처음 카드 2장을 받아보고 플레이어가 베팅을 두 배로 증가할 수 있다. 이 경우 반드시 한 장의 카드만 추가로 받을 수 있으며, 원래의 베팅액과 같은 금액을 추가로 베팅하여야 한다.

인슈어런스는 딜러의 펼쳐놓은 업 카드가 에이스인 경우 블랙잭이 될 가능성에 대비하여 별도로 베팅금의 반액 이하를 거는 것이다. 인슈어런스 베팅은 추가 카드가 플레이어에게 배분되기 이전에 이루어져야 한다. 딜러 카드가 블랙잭이면 원래의 베팅금은 잃게 되지만, 인슈어런스 베팅은 두 배의 지불금을 받게 된다. 그러나, 블랙잭이 아니면 인슈어런스 베팅만 잃게 되고 게임은 계속 진행된다.

서렌더는 플레이어의 손실을 줄일 수 있는 선택 조항으로서, 자신이 처음 받은 카드 2장의 패와 딜러의 업 카드를 검토하여 승산이 없다고 판단될 때 베팅금의 반액만 지불하고 그 핸드를 포기할 수 있다. 서렌더는 대개 딜러의 패가 블랙잭이 아닌 것이 확인될 경우에만 허용된다.

Words and Phrases

beat …에 이기다, …을 무찌르다

draw (카드를)받다, (카드의 패를) 뽑다

go over …을 넘어가다, 넘다, 건너다

except …을 제외하고

face-down 얼굴(그림)을 아래로 향하고

sum 합계 …이 되다

at a rate …의 비율로

one to one 일 대 일

bust 파산하다, 망하다

proceed 나아가다, 계속하다

CHAPTER 7

BACCARAT

Baccarat (Punto Banco):

Although there are many myths about the origins of Baccarat, it is generally accepted that the game originated in Italy, where "baccara" means zero. Baccarat became popular in Europe around the middle of the 1800s, alongside a similar game "Chemin de fer."

As Chemin de fer did not become popular in America, Baccarat has been called "Punto Banco" or "American Baccarat." The game is similar in many regards to Black Jack, but the aim is to score 8 or 9 points (the "face cards" and 10 count as zero).

바카라의 기원에 대해 정확하지 않지만 일반적으로 "baccara"가 영(零)을 뜻하는 이탈리아에서 이 게임이 시작된 것으로 보고 있다. 바카라는 1800년대 중반 유럽에서 "Chemin de Fer"라는 게임과 함께 널리 유행하였다.

슈맹드페르는 미국에서 인기가 없었고, 바카라는 "Punto Banco" 또는 "American Baccarat"로 알려졌다. 게임은 블랙잭과 매우 유사하다고 할 수 있으며, 다른 점은 게임의 목적이 카드 점수를 8이나 9가 되도록 하는데 있는 것이다(그림 카드와 10카드는 영으로 계산).

Words and Phrases

although 비록 …일지라도, …이기는 하나, …이지만

myth 신화, 지어낸 이야기

originate 일어나다, 생기다, 기원을 발하다

alongside …과 나란히, …의 곁에

in many regards 많은 점에서

Unit 1. Introduction

Dealer : Bets down, please.

Player : Wait a minute. How do I bet here?

Dealer : In baccarat, there are only two sides : the player and the banker. As a result, three bets-player, banker, tie- are possible.

Dealer : You can bet either for the player or for the banker, whichever side you like. Of course you can wager on a tie, too.

Dealer : The terms "banker" and "player" are meaningless and only serve to distinguish one hand from the other.

Dealer : The "banker" hand is not the casino hand nor is the 'player".

Dealer : You may wager on either hand.

Player : It sounds interesting. Well, how is the game played?

Dealer : At the start, each hand contains two cards dealt in the following order—the 1st card to the "player" hand, the 2nd to the "banker" hand, the 3rd to the "player" and the 4th to the "banker". Only one more card may be taken by either side, governed by the "baccarat rules".

Player : How are cards counted?

Dealer : In baccarat, picture cards like the king, queen and jack, and the ten, and combinations totaling 10 do not count, and an ace counts as 1. All other cards count at their numerical face value.

Player : It seems easier than I expected.

Dealer : That's right. Nine (9) is the highest possible count to the banker's side or the player's side. The hand that sums closer to a nine wins.

Player : I've got it. Let me bet on the player.

Dealer : No more bets.

Dealer : Card for player, card for banker, player's, banker's.

Dealer : Player, stand on 7, banker 5. Player wins.

Dealer : Congratulations!

Player : Thank you.

Unit 1. 게임 소개

딜러 : 베팅바랍니다.

고객 : 잠깐만, 베팅은 어떻게 하는 것입니까?

딜러 : 바카라 게임은 플레이어와 뱅커 둘로 구분됩니다. 그에 따라 베팅은 플레이어나 뱅커 또는 타이(무승부), 이렇게 세 가지가 있다고 하겠습니다.

딜러 : 고객께서는 플레이어, 뱅커 중에서 어느 쪽이나 좋아하시는 곳에 베팅하시면 됩니다. 물론 타이에도 베팅하실 수 있구요.

딜러 : 여기서 "뱅커"나 "플레이어"는 아무 의미가 없습니다. 단지 서로를 구분하기 위해 정해 놓은 것일 뿐입니다.

딜러 : "뱅커"가 카지노측 핸드가 아니며, "플레이어" 또한 그렇습니다.

딜러 : 고객은 어느 쪽이든 베팅해도 됩니다.

고객 : 재미있겠군요? 그럼 게임은 어떻게 합니까?

딜러 : 네, 처음에 카드를 플레이어, 뱅커, 플레이어, 뱅커의 순으로 딜링하여, 각 핸드는 카드 2장을 가지게 됩니다. 다음, 카드 2장의 합계에 의해 바카라 게임 규칙에 따른 추가 카드 1장이 결정됩니다.

고객 : 카드 계산은 어떻게 합니까?

딜러 : 바카라의 경우, 킹, 퀸 및 잭의 그림 카드와 10카드, 그리고 카드 합산에서 10자리는 모두 0으로, 에이스는 1로 계산합니다. 그 밖의 모든 카드는 카드에 나와 있는 숫자대로 계산합니다.

고객 : 생각보다는 쉬운 게임이네요.

딜러 : 그렇습니다. 9가 플레이어나 뱅커측 모두 가장 높은 점수가 되고, 9 또는 9에 가까운 쪽이 이기게 됩니다.

고객 : 잘 알았습니다. 플레이어에 걸겠습니다.

딜러 : 베팅 마감합니다.

딜러 : 카드 포 플레이어, 카드 포 뱅커, 플레이어스, 뱅커스.

딜러 : 플레이어 스탠드 온 7, 뱅커 5. 플레이어가 이겼습니다.

딜러 : 축하드립니다.

고객 : 감사합니다.

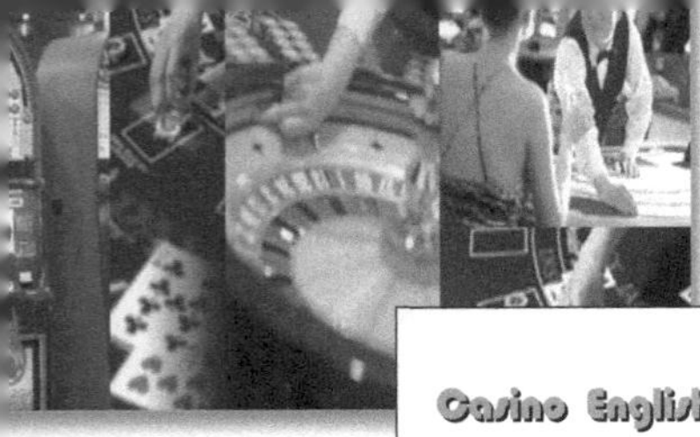

Words and Phrases

baccarat 바카라(이탈리아어 : 영(零)을 의미)

tie 동점, 비기기

meaningless 무의미한

distinguish 구분하다

in the following order 다음의 순서대로

govern 지배하다

combination 결합

numerical 숫자의

GENUINE
Budweiser
PLAYING CARDS
E
ALWAYS
Coca-Cola
PLAYING
CARDS
I
Budweiser
Playing Cards
F
SAILOR MOON
Playing Cards
J
BONUS®
PLAYING CARDS
G
PEPSI
PEPSI
Playing Cards
K
GARGOYLES
PLAYING CARDS
H
HARLEY-DAVIDSON
PLAYING CARDS
L

Unit 2. Chips

Player : May I place a bet in cash?

Dealer : I'm very sorry, sir. Only chips can be placed to bet.

Player : Well then, let me get the chips.

Dealer : Yes, sir. I've received two million won.

Player : Yes, you are correct.

Dealer : Check, please! Money change!

Dealer : Here are your chips for two million won.

Player : O.K, and give me a score sheet, please.

Dealer : Yes, sir. Here you go.

Dealer : Colored ball-point pens are available. When you need one, please tell me.

Player : Really? Then please.

Dealer : Yes, sir. Here you are. Red color for the banker, blue one for the player.

Player : Thanks a lot.

Unit 2. 칩스 교환

고객 : 베팅을 현금으로 해도 됩니까?
딜러 : 대단히 죄송합니다만, 베팅은 칩으로만 해야 합니다.
고객 : 그럼 칩으로 교환해 주십시오.
딜러 : 네, 잘 알겠습니다. 200만원 받았습니다.
고객 : 네, 맞습니다.
딜러 : 체크 플리즈, 머니 체인지.
딜러 : 여기 200만원에 해당되는 머니 칩입니다.
고객 : 네, 그리고 스코어지 한 장 주십시오.
딜러 : 네, 여기 있습니다.
딜러 : 유색 볼펜이 준비되어 있으니 필요하시면 말씀해 주십시오.
고객 : 그래요? 그럼 부탁합니다.
딜러 : 네, 여기 있습니다. 빨간색이 뱅커이고, 파란색이 플레이어입니다.
고객 : 감사합니다.

Words and Phrases

in cash 현찰로
score sheet 점수표
here you go 여기 있습니다
ball-point pen 볼펜

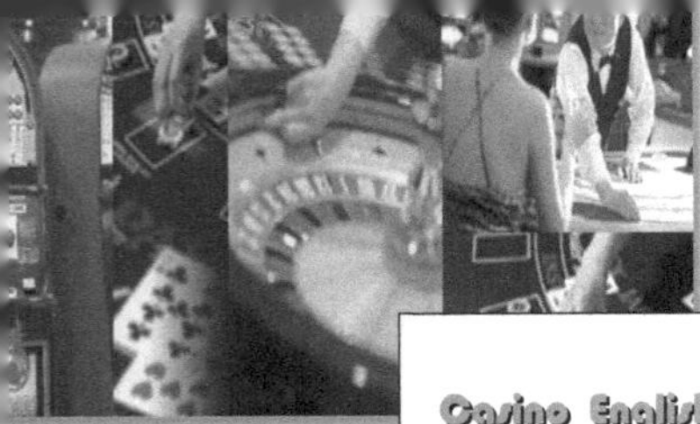

Unit 3. Betting

Dealer : Bets down, please.

Player 1 : What is the betting limit at this table?

Dealer : Sir, the betting limit minimum is ten thousand won and the maximum is three hundred thousand won, as displayed in the limit board here.

Player 1 : I've got it, I'll bet twenty thousand won on the player.

Dealer : Any more bets?··· No more bets.

Dealer : Card for player, card for banker, player's, banker's.

Player 2 : Wait a moment! May I bet right now?

Dealer : Oh, no. No more bets as cards are being dealt.

Player 2 : Is that so? I'm sorry.

Dealer : Player··· natural 9, banker··· 5. Player wins.

Player 1 : Oh, player wins!

Dealer : Congratulations! Here is your payoff, twenty thousand won chips.

Unit 3. 베팅

딜러 : 베팅 바랍니다.

고객 1 : 이 테이블의 베팅 리미트는 어떻게 됩니까?

딜러 : 예, 여기 리미트 보드에 적혀 있는 바와 같이, 만원에서 30만원까지 걸 수 있습니다.

고객 1 : 알겠습니다. 플레이어에 2만원 베팅하겠습니다.

딜러 : 더 베팅하시지 않겠습니까?… 베팅 마감입니다.

딜러 : 카드 포 플레이어, 카드 포 뱅커, 플레이어스, 뱅커스.

고객 2 : 잠깐, 지금 베팅해도 됩니까?

딜러 : 대단히 죄송합니다만, 카드가 나온 후에는 베팅할 수 없게 되어 있습니다.

고객 2 : 그래요? 할 수 없군요.

딜러 : 플레이어 내추럴 9, 뱅커 5. 플레이어 승리입니다.

고객 1 : 아, 플레이어 이겼네.

딜러 : 축하합니다. 배당금 칩스 이만원 지불합니다.

Words and Phrases

display 전시하다, 눈에 잘 띄게 하다

limit board 베팅 한도액을 기록한 표시판

no more bets 베팅 마감

right now 지금 바로

Unit 4. Game Procedures

1. Mini Baccarat

Dealer : Bets down, please.

Player 1 : I'll bet the banker.

Player 2 : I'll wager on the player, and the tie, too.

Dealer : Any more bets?
No more bets.

Dealer : Card for player, card for banker. Player's, banker's. Player, three. Banker, two.

Player 1 : Just a second, why aren't you giving me the cards?

Dealer : In mini-baccarat the players are not allowed to hold the cards.

Dealer : However, in main-baccarat the player on either side who places the biggest bet has the right to hold the cards dealt face-down.

Player 1 : Oh, I see.

Dealer : Excuse me, but would you please pull up your chair a little towards the table ?

Player 2 : Yes, sure.

Dealer : One more card for player, draw 8, makes 9.
One more card for banker, draw 6, makes 8.
Player wins.

Player 2 : Oh, player wins.

Dealer : Here is your chips. Congratulations!

1. 미니 바카라

딜러 : 베팅 바랍니다.

고객 1 : 뱅커에 걸겠습니다.

고객 2 : 나는 플레이어와 타이에도 베팅하겠습니다.

딜러 : 더 베팅하시지 않겠습니까?
베팅 마감합니다.

딜러 : 카드 포 플레이어, 카드 포 뱅커, 플레이어스, 뱅커스. 플레이어 3, 뱅커 2.

고객 1 : 잠깐만, 왜 내게 카드를 주지 않는가요?

딜러 : 미니 바카라는 고객에게 카드를 드리지 않습니다.

딜러 : 그러나, 메인 바카라에서는 제일 많이 베팅한 고객이 카드를 가질 수 있습니다.

고객 1 : 그래요?

딜러 : 죄송합니다만, 의자를 게임 테이블 쪽으로 조금만 당겨 주시겠습니까 ?

고객 2 : 알겠습니다.

딜러 : 플레이어 추가 카드 드로 8, 합이 9.
뱅커 추가 카드 드로 6, 합이 8.
플레이어 승리.

고객 2 : 내가 이겼다.

딜러 : 여기 배당칩 입니다. 축하드립니다.

Words and Phrases

bet the banker 뱅커에 걸다

just a second 잠깐만

have the right to …할 권리가 있다

pull up 당기다

MINI BACCARAT

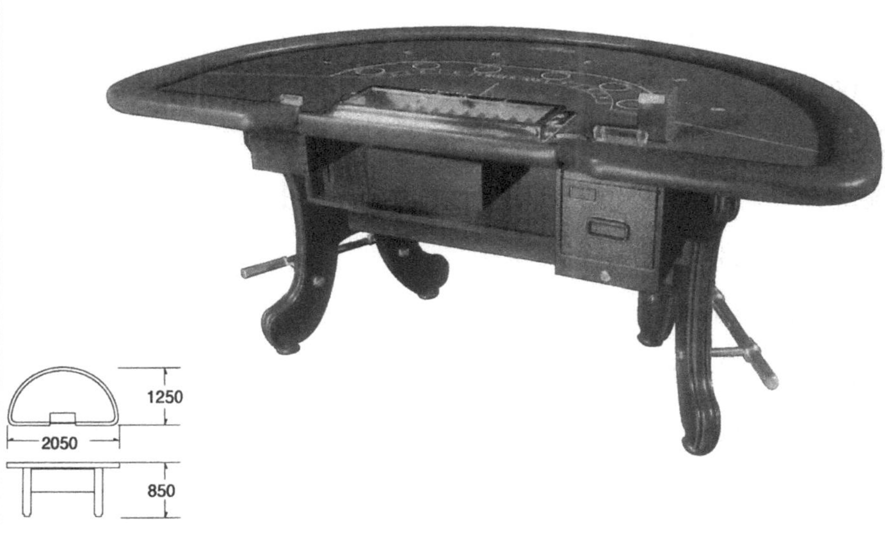

2. Banker Commission

Player 1 : What is the table maximum?

Dealer : Sir, the difference is up to the maximum of five million won on each game.
Will you play the game?

Player 1 : Yes, I will. By the way, which side is more likely to win?

Dealer : There are only two sides in baccarat, and either side can win. In this regards, I think the baccarat is one of the most favorable games to the players.

Player 1 : I see. I'll bet two million on the player. How about you?

Player 2 : I'm wagering three million on the banker.

Dealer : Any more bets?… No more bets!

Dealer : Player, stand 7. Banker, natural 8.
Banker wins.

Player 2 : Could you pay me quickly please.

Dealer : Excuse me. But can I check your betting chips to calculate the commission?

Player 2 : What do you mean by "commission"?

Dealer : Since the banker has a slight edge in this game, a 5% commission is collected from banker bets when the banker wins.

Player 2 : Oh, I didn't know that. All right.

Dealer : Here is your payoff. Congratulations!

MIDI BACCARAT

2. 뱅커 커미션

고객 1 : 이 테이블의 베팅 한도는 어떻게 됩니까?

딜러 : 네, 매 게임 디퍼런스가 500만원입니다. 게임을 시작하시겠습니까?

고객 1 : 네, 시작하시죠. 그런데 어느 쪽이 유리할 것 같습니까?

딜러 : 바카라는 승부를 걸 곳이 딱 두 군데가 있습니다. 그 중 어느 한 쪽이든 이기게 되어있습니다. 그 점에서 게임하는 사람의 입장에서는 가장 해볼 만한 게임이 아닌가 생각됩니다.

고객 1 : 그렇겠군요. 저는 플레이어에 2백만원 걸겠습니다. 당신은?…

고객 2 : 저는 뱅커에 3백만원 걸겠습니다.

딜러 : 더 거실 분 안 계십니까?
이제 베팅 마감합니다.

딜러 : 플레이어 스탠드 7, 뱅커 내추럴 8.
뱅커 승리.

고객 2 : 빨리 배당금을 지불해 주세요.

딜러 : 죄송합니다만, 커미션 계산을 위해 베팅 칩을 확인해도 되겠습니까?

고객 2 : 커미션이라뇨?

딜러 : 이 게임은 뱅커측이 승률에서 조금 높게 되어 있기 때문에 뱅커가 이기면 5%의 커미션을 떼게 되어 있습니다.

고객 2 : 아, 그렇습니까? 좋습니다.

딜러 : 배당금 드립니다. 축하합니다.

Words and Phrases

commission 수수료, 구전, 커미션
difference 차액, 차이의 정도
likely 있을 법한, 할 것 같은
favorable 유리한, 우호적인
calculate 계산하다
slight edge 약간의 승률

MIDI BACCARAT

3. Main Baccarat

Player : What is the table limit?

Dealer : Sir, the limit starts from one million won in the minimum up to ten million won difference on each game.

Player : Ah, it is displayed here in the limit board.

Dealer : Yes, it is. Will you play the game, sir.

Player : Yes, I will. I'll wager on the banker.

Dealer : Excuse me, sir. But may I check your betting chips?

Player : Yes, as you please.

Dealer : I'm very sorry, sir. Your bet is two million won over the difference limit.
Will you take it back for the next game, please.

Player : Yes, I will.

Dealer : Card for player, card for banker. Player's, banker's.
Player, two. Banker, also two.

Dealer : One more card for player, draw 5, makes 7.
One more card for banker, draw 9, makes 1.
Player wins.

Player : Oh, I've got it.

Dealer : Congratulations!

3. 메인 바카라

고객 : 이 테이블의 베팅 리미트는 어떻게 됩니까?

딜러 : 네, 매 게임 베팅 최저액 100만원에서 디퍼런스 1,000만원까지입니다.

고객 : 아, 여기 리미트 보드에 적혀 있군요.

딜러 : 네, 게임을 하시겠습니까?

고객 : 네, 그럼요. 나는 플레이어에 걸겠습니다.

딜러 : 죄송합니다만, 베팅 칩을 확인해 봐도 되겠습니까?

고객 : 네, 그러세요.

딜러 : 고객, 대단히 죄송합니다만, 디퍼런스 리미트가 200만원 초과되었군요.
초과된 금액은 다음 게임에 걸어 주시기 바랍니다.

고객 : 그렇게 하지요.

딜러 : 카드 포 플레이어, 카드 포 뱅커, 플레이어스, 뱅커스.
레이어 2, 뱅커 올소우 2.

딜러 : 플레이어 추가 카드 드로 5, 합이 7.
뱅커 추가 카드 드로 9, 합이 1.
플레이어, 승리.

고객 : 내가 이겼다.

딜러 : 축하드립니다.

Words and Phrases

main 주요한, 주된, 가장 중요한, 중심적인

up to 이르기까지, …까지, …에 달하여

take back 가져가다

Unit 5. Game Rules

BACCARAT Rules

The object of baccarat is to bet that the “banker” hand or the “player” hand will achieve a score closer to nine (9).

The terms “banker” and “player” are meaningless and only serve to distinguish one hand from the other. The “banker” hand is not the casino hand nor is the “player”. Any player may wager on either hand.

Nine (9) is the highest count, eight (8) the second highest and so on in descending order. The holder of the higher count is the winner.

The pay-off will be made 1 to 1. When a player wins while betting on the “banker” hand, a 5% of commission must be paid to the house. If the total point count is the same for both banker and player, it is a tie or “push” and the game shall be played again until one side wins. In the event of a tie, the players of either side may elect to sustain, alter, increase or reduce their original bets subject to the table limit. Bets on ’tie’ pay 8 to 1.

Picture cards as king, queen and jack, and ten (10) and combinations totaling 10, do not count. An ace counts as 1. All other cards have their numerical face value.

At the start, each hand contains two cards dealt in the following order — the 1st card to the "player" hand, the 2nd to the "banker" hand, the 3rd to the "player" and the 4th to the "banker".

Two cards totaling a count of 9 or 8 are called "natural" without allowing the other party for the draw of a third card.

When the Player's first two cards total :

0 to 5 — Player draws a third card
6 or 7 — Player does not draw a third card
8 or 9 — A "natural" — the Player stands

The banker plays under the same rules as the player, except when the banker's two cards total 3, 4, 5, or 6 and the player takes a third card. Then the rules call for a mandatory third card to the banker as follows:

바카라 게임 규칙

바카라 게임의 목적은 "뱅커" 핸드나 "플레이어" 핸드 어느 쪽이든 보유 카드의 합계가 9 또는 9에 가까운 점수가 나올 것이라고 예상되는 핸드에 베팅을 하는 것이다.

"뱅커"와 "플레이어"는 아무 의미가 없으며, 단지 서로의 핸드를 구분하기 위해 편의상 붙여진 핸드의 명칭이다. "뱅커" 핸드나 "플레이어" 핸드 어느 쪽도 카지노 핸드, 즉 하우스 편이 아닌 것이다. 고객은 "뱅커" 핸드나 "플레이어" 핸드 어느 쪽이라도 좋아하는 곳에 베팅할 수가 있다.

9가 최고의 점수이며, 8은 그 다음으로 서열이 매겨진다. 높은 점수를 가진 핸드가 이긴다.

지불은 1 대 1의 비율로 한다. 뱅커에 베팅하여 이기게 되면 5%의 커미션을 하우스가 떼게 된다. 뱅커와 플레이어의 점수가 동일하면 무승부(타이 또는 푸쉬)가 되며, 승부가 결정될 때까지 게임은 계속된다. 이 경우 베팅금의 유지, 변경 및 증감이 가능하다. 타이 핸드에 건 베팅은 8배의 배당금이 지불된다.

킹, 퀸, 잭의 그림 카드와 10카드 또는 보유 카드의 숫자를 합계할 때 10자리는 전부 0으로 계산하고, 에이스카드는 1로 계산한다. 그외 숫자가 기입된 카드는 카드의 숫자대로 계산한다.

게임은 처음에 네 장의 카드를 순서에 따라 플레이어와 뱅커에 번갈아 배분하면서부터 시작된다. 플레이어 핸드는 첫 번째와 세 번째 카드가, 뱅커 핸드는 두 번째와 네 번째 카드가 각 두 장씩 배분된다.

두 장의 카드 합이 8 또는 9의 점수를 가지면 “내추럴”이 되며, 상대에게 추가 카드의 배분이 허용되지 않는다.

플레이어는 두 장의 카드 합이 6 또는 7의 점수를 가지면 “스탠드”가 되어 추가 카드를 받지 않지만, 만일 0 · 1 · 2 · 3 · 4 · 5의 점수가 되면 세 장째의 카드를 받게 된다.

뱅커는 두 장의 카드 합이 0 · 1 · 2의 점수를 가지면 세 장째의 카드를 받게 되지만, 3 · 4 · 5 · 6의 경우는 플레이어의 세 장째 카드 숫자에 의해서 추가 카드가 자동적으로 결정된다.

When the Banker's First Two Cards Total	*Banker Takes a Third Card if Third Card of the Player*
3	Is not an 8
4	Is 2 through 7
5	Is 4 through 7
6	Is 6 or 7

Words and Phrases

achieve 도달하다, 달성하다
distinguish 구별하다, 뛰어나다.
descending 내려가는, 떨어지는
in the event of …의 경우에
sustain 유지하다
alter 변경하다
increase 증가하다
reduce 줄이다
subject to …에 종속되는, …에 따른
combination 결합체, 짜 맞춘 것
natural 처음 카드 두 장으로 이기게 되어 있는 패
mandatory 의무적인, 강제적인

◈ 뱅커 핸드룰(Banker's Hand Rule)

<table>
<tr><th>Banker's Two-card Total
뱅커 측
첫 2장의 합</th><th>Draws Third Card If Player's Third Card Is:
플레이어 측 추가 카드가
다음일 경우 추가 카드</th><th>Stands If Player's Third Card Is:
플레이어 측 추가 카드가 다음일
경우 추가 카드 없음</th></tr>
<tr><td>0</td><td>0 · 1 · 2 · 3 · 4 · 5 · 6 · 7 · 8 · 9</td><td rowspan="3">Banker Always Draws Third Card
플레이어 측의 숫자에 관계없이
1장의 카드를 받음</td></tr>
<tr><td>1</td><td>0 · 1 · 2 · 3 · 4 · 5 · 6 · 7 · 8 · 9</td></tr>
<tr><td>2</td><td>0 · 1 · 2 · 3 · 4 · 5 · 6 · 7 · 8 · 9</td></tr>
<tr><td>3</td><td>0 · 1 · 2 · 3 · 4 · 5 · 6 · 7 · 9</td><td>8</td></tr>
<tr><td>4</td><td>2 · 3 · 4 · 5 · 6 · 7</td><td>0 · 1 · 8 · 9</td></tr>
<tr><td>5</td><td>4 · 5 · 6 · 7</td><td>0 · 1 · 2 · 3 · 8 · 9</td></tr>
<tr><td>6</td><td>6 · 7</td><td>0 · 1 · 2 · 3 · 4 · 5 · 8 · 9</td></tr>
<tr><td>7</td><td colspan="2">Stands - Player does not draw a third card
스탠드 - 플레이어 측, 추가 카드 없음</td></tr>
<tr><td>8 · 9</td><td colspan="2">Natural - Player stands
내추럴 - 플레이어 측, 추가 카드 없음</td></tr>
</table>

◈ 플레이어 핸드룰(Player's Hand Rule)

Player's Two-Card Total 플레이어 측 첫 2장의 합	Player Draws Third Card 플레이어 측 추가 카드
0 · 1 · 2 · 3 · 4 · 5	Player draws a third card 추가 카드 받음
6 · 7	Stands - Player does not draw a third card 스탠드 - 플레이어 측, 추가 카드 없음
8 · 9	Natural - Stands 내추럴 - 추가 카드 없음

MAIN BACCARAT

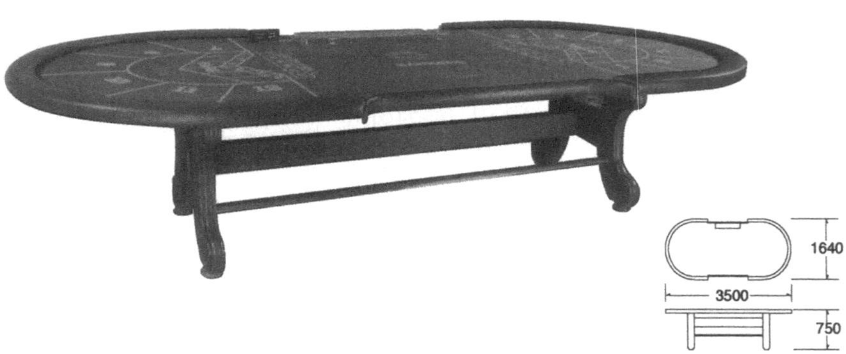

CHAPTER 8

ROULETTE

Roulette:

Roulette is perhaps the oldest game still played, and is a popular image of Monte Carlo and casinos around the globe. The word “roulette” is French, meaning “little wheel,” and the story is that the concept was originated by renown physicist and mathematician Blaise Pascal was on a monastic retreat, studying perpetual motion.

In any event the roulette game was introduced to Paris around 1765, with the small ball rolling around in the opposite direction of the spinning wheel. This original wheel had both “0” and “00” but when introduced to the casino in Monte Carlo, the wheel had only the single “0.”

역사가 가장 오래된 게임으로 추정되는 룰렛은 몬테카를로를 비롯 전세계 카지노의 대중적인 이미지를 주고 있는 게임이다. "룰렛"이라는 말은 '작은 바퀴'를 뜻하는 프랑스어에서 유래했다. 룰렛의 기원에 대해서는 프랑스의 물리학자이자 수학자인 블레즈 파스칼이 수도원의 피정지(避靜地)에서 기계의 영구 운동을 연구하던 중에 만들었다는 이야기가 있다.

여하튼 회전하는 바퀴와 반대방향으로 구슬을 돌리는 룰렛은 1765년경 파리에 처음 등장하였다. 최초의 바퀴에는 "0"과 "00"이 있는 것이었는데, 몬테카를로 카지노에 도입되면서 "0" 만 있게 되었다.

Words and Phrases

perhaps 아마도, 어쩌면
renown 유명, 고명
physicist 물리학자, 자연과학자
mathematician 수학자
monastic 수도원의
retreat 은거처, 피정지(避靜地)
perpetual 영구한, 영원히 계속되는
perpetual motion (기계의) 영구 운동(일찍이 이것을 얻고자 연구가 행해졌으나 있을 수 없는 일임이 증명되었음).
opposite direction 반대 방향

Unit 1. Introduction

Dealer：Good afternoon, sir.

Player：What kind of game is roulette?

Dealer：Roulette is the wheel game where one can bet on numbers, groups of numbers, or colors.

Player：I hear the roulette chips are different.

Dealer：Yes, sir. You are correct. The chips used in roulette are referred to as 'play chips' because they have no monetary value.

Dealer：In other words, they are called "wheel chips."

Player：Can I play with the roulette chips at another game table?

Dealer：No, sir. Roulette chips are not redeemable outside the roulette table where they were purchased.

Player：Well. How many colors are there?

Dealer：A roulette table has between six and eight different colors of chips available for player purchase.

Dealer：Normally, six colors are used for roulette chips：red, white, yellow, green, blue, and brown.

Player : Oh, I see, then how many chips are there of each color?

Dealer : Each color will typically have 15 stacks of 20 chips available for play on the game.

Player : What do you mean by "stack"?

Dealer : A stack is a column of 20 chips.

Player : I see the point.

ROULETTE TABLE

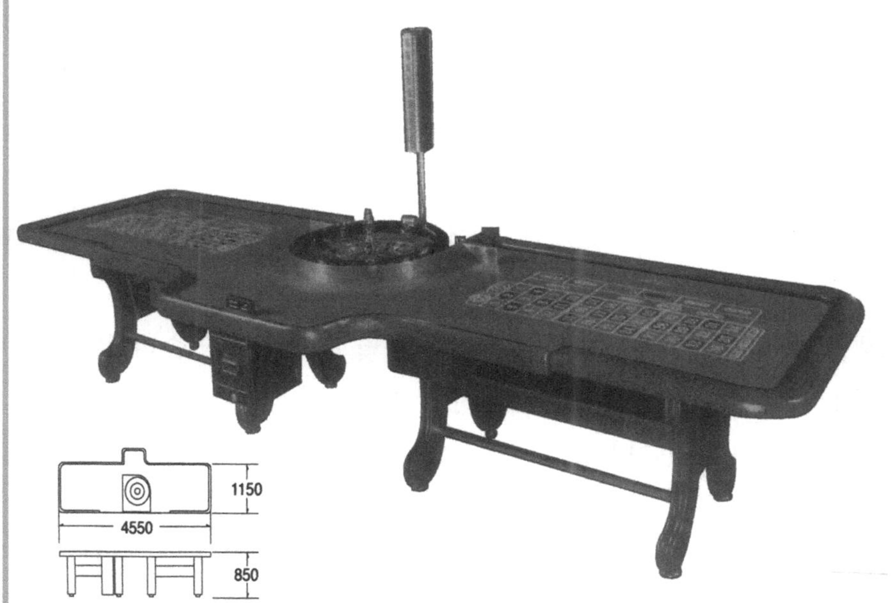

Unit 1. 게임 소개

딜러 : 어서오십시오.

고객 : 룰렛은 어떤 게임인가요?

딜러 : 룰렛은 번호나 번호의 묶음 및 색깔에 베팅하는 일종의 휠(바퀴) 게임입니다.

고객 : 룰렛 칩스는 다르다고 하더군요.

딜러 : 네, 그렇습니다. 룰렛 칩스는 액면가가 표시되어 있지 않아 '플레이 칩스'라고 합니다.

딜러 : 그리고, 다른 말로는 "휠 칩스"라고도 합니다.

고객 : 룰렛 칩스를 다른 테이블에서도 사용할 수 있습니까?

딜러 : 안 됩니다. 룰렛 칩스는 칩스를 구입한 룰렛 테이블에서만 되팔 수 있지, 다른 테이블에서는 되팔 수 없습니다.

고객 : 그렇군요. 그럼, 룰렛 칩스의 색깔은 몇가지가 있습니까?

딜러 : 룰렛 테이블마다 6가지에서 8가지에 이르는 색깔의 칩스가 마련되어 있습니다.

딜러 : 대개의 경우 6가지의 색깔, 즉 적색, 백색, 황색, 녹색, 청색 및 갈색이 주로 사용되고 있습니다.

고객 : 네, 알겠습니다. 그럼, 한 색깔마다 몇 개의 칩이 있습니까?

딜러 : 각각의 칩스는 게임에 사용하기 위해 보통 20개씩 15스택 단위로 갖추어져 있습니다.

고객 : 스택은 무엇을 의미합니까?

딜러 : 스택은 20개의 칩스를 기둥모양으로 쌓아놓은 한 묶음을 의미합니다.

고객 : 네, 알겠습니다.

Words and Phrases

roulette 룰렛(작은 바퀴 : roue =wheel, ette =small의 합성어)

wheel game 휠(바퀴)을 굴려서 하는 게임

refer to …에 관하여

monetary value 액면가

wheel chips 휠 칩스, 플레이 칩스, 룰렛 칩스

redeemable 교환할 수 있는

available 가능한

purchase 구입

normally 보통

typically 대개, 대표적으로, 일반적으로

stack 묶음 (20개의 칩스)

a column of 다발, 묶음

Unit 2. Chips

1. Money Change

Player : I'd like to change this seven hundred thousand won into chips.

Dealer : Yes, sir. Would you like to make them all play chips?

Player : No, money chips for five hundred thousand won, and play chips for the rest — two hundred thousand won.

Dealer : Yes, sir. Just a moment, please.

Dealer : Sir, here are five 100,000 won money chips and eighty play chips.

Player : By the way. How much is each play chip.

Dealer : Well, sir. It depends on the table. At this table it is two thousand five hundred won.

Player : I see, but the roulette chips are of various colors.

Dealer : All these chips are the same value, but each color identifies each player at the table.

Player : I see.

Unit 2. 칩스

1. 머니 체인지

고객 : 이 돈 70만원을 칩으로 바꾸고 싶습니다.

딜러 : 네, 전부 플레이 칩으로 바꾸시겠습니까?

고객 : 아니오, 50만원은 머니 칩으로, 나머지 20만원은 플레이 칩으로 바꾸어 주십시오.

딜러 : 잘 알겠습니다. 잠깐만 기다려 주시겠습니까?

딜러 : 고객, 여기 10만원 칩 5개와 플레이 칩 80개입니다.

고객 : 그런데, 플레이 칩은 한 개에 얼마가 되는 것입니까?

딜러 : 네, 그것은 테이블에 따라 정하기 나름입니다만, 여기서는 플레이 칩 한 개에 2,500원으로 하고 있습니다.

고객 : 그렇군요, 그런데 칩 색깔이 각각 다르군요.

딜러 : 네, 칩 가치는 모두 동일하지만, 색깔로 게임 참가자의 칩이 어느 것인지 구별하고 있습니다.

고객 : 잘 알겠습니다.

Words and Phrases

money change 머니 체인지(현금을 칩스로 교환하는 것)

the rest 나머지

depend on …에 좌우되다, …에 의지하다

various 여러 가지

identify 확인하다

ROULETTE TABLE

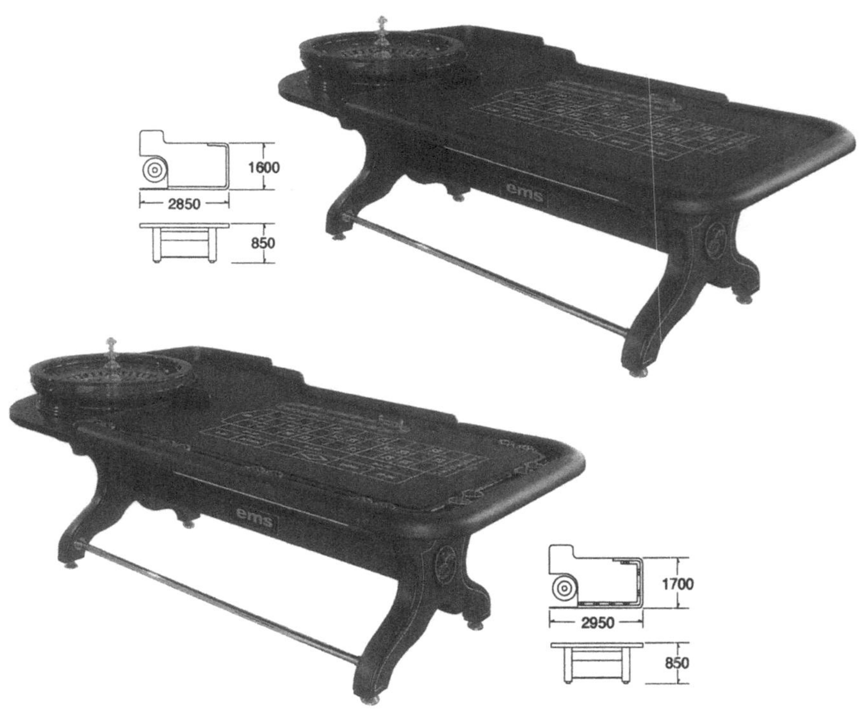

ROULETTE WHEELS

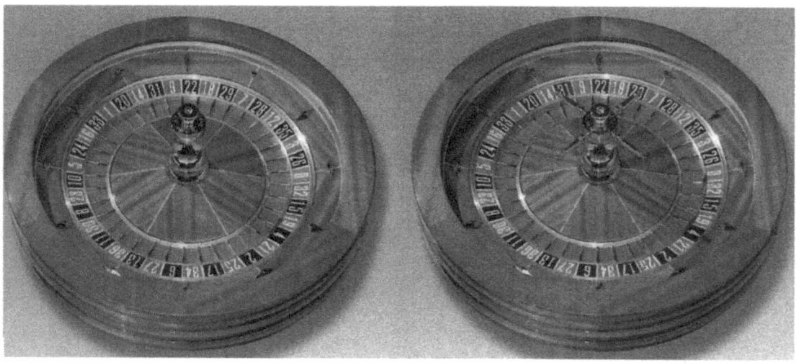

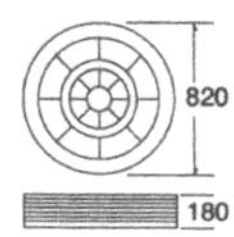

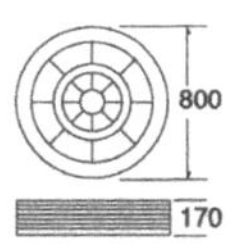

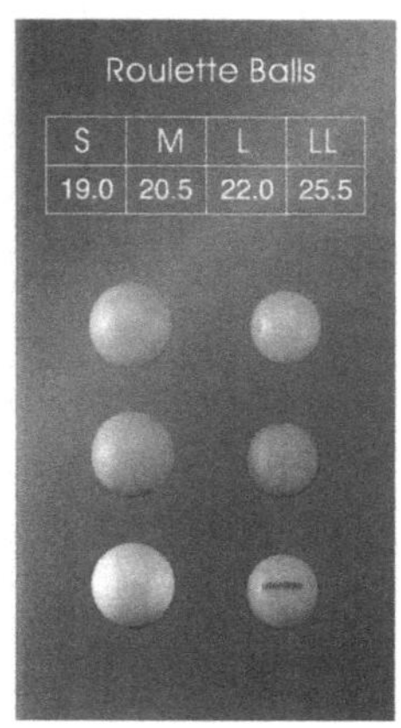

2. Chips Change

Player : Change these three chips to the play chips!

Dealer : Yes, sir. Three 100,000 won money chips.

Player : Yeah.

Dealer : Check, please! Color change!

Player : I like green. Will you let me play with this green?

Dealer : I am sorry, but that green is being used by another player.

Player : And so?

Dealer : Sorry, sir. Each player is required to use different single color of chips.

Player : Is that so? Give me the blue ones.

Dealer : Yes, sir. Here you are.

2. 컬러 체인지

고객 : 이 칩 세 개를 플레이 칩으로 바꾸어 주세요.

딜러 : 잘 알겠습니다. 10만원짜리 칩, 세 개군요.

고객 : 그렇습니다.

딜러 : 첵 플리즈, 컬러 체인지!

고객 : 나는 녹색이 좋은데, 녹색으로 주시겠습니까?

딜러 : 죄송합니다만, 녹색은 다른 고객이 지금 사용하고 계시군요.

고객 : 그러면 안 되는가요?

딜러 : 네, 게임 참가자는 각각 다른 한 가지 색으로만 사용하도록 되어 있습니다.

고객 : 그렇습니까? 그럼, 청색을 주세요.

딜러 : 잘 알겠습니다. 여기 있습니다.

Words and Phrases

chips change 칩스 체인지(고액의 칩스를 저액의 칩스로 교환하는 것, 또는 그 반대)

color change 컬러 체인지(칩스의 색깔, 즉 액면가를 다른 것으로 교환하는 것)

different single color 다른 한 가지색

Unit 3. Betting

Player : What is the table limit?

Dealer : You can place an inside bet up to 20,000 and a outside bet to 200,000 won.

Player : There is a difference in the betting limit?

Dealer : Yes, there is, sir. The inside bet differs from the outside bet in the payout rate.

Player : Can I play with the 100,000 won money chips.

Dealer : No, sir. You can bet only with play chips. Cash chips are not allowed to be bet in roulette.

Player : I've got it. Change them into the play chips, please.

Dealer : Yes, sir.

Unit 3. 베팅

고객 : 이 테이블의 베팅 리미트는 어떻게 됩니까?

딜러 : 인사이드는 2만원, 아웃사이드는 20만원까지 베팅할 수 있습니다.

고객 : 베팅 리미트가 각각 다르군요.

딜러 : 네, 그렇습니다. 인사이드는 배당금 지불률이 아웃사이드와 다르기 때문입니다.

고객 : 10만원 칩으로도 게임할 수 있습니까?

딜러 : 죄송합니다. 플레이 칩으로 베팅하셔야 합니다. 룰렛에서는 머니칩 베팅을 하지 않고 있습니다.

고객 : 그렇습니까. 그럼 플레이 칩으로 바꾸어 주십시오.

딜러 : 네, 알겠습니다.

Words and Phrases

betting 베팅, 내기

table limit 테이블의 베팅 한도액

inside bet 인사이드 벳(룰렛 레이아웃의 번호판 안쪽에 거는 벳)

outside bet 아웃사이드 벳(번호판 바깥쪽에 거는 벳, 다즌, 칼럼 및 하이 · 로 벳 등)

◈ Tips for Roulette Dealer

- Keep moving at all times, and watch the layouts continuously.
- Be aware of the players, their playing styles, what value they are playing at, how much they are in for, their attitudes. Are they nervous? Are they trying not to be seen? Are they watching your progress?
- Verify the correct number is being paid off
- Never let the payout go out unless you are absolutely certain it is correct.
- Study the layouts while the ball is spinning. Check for bets exceeding the maximums.
  Check for complicated bets.
- Make sure that "No More Bets" is called before the ball drops, not when it drops.

◈ Tips for Roulette Dealer

- 계속 움직이면서 레이아웃을 끊임없이 관찰할 것.
- 게임에 참여하는 모든 플레이어에 대해, 플레이 스타일, 베팅 금액, 전체 게임 자산, 및 태도를 주의 깊게 살피며, 또 그들이 현재 예민한 상태에 있는지, 몸을 가능하면 안 보이게 하려고 하는지, 근무자(딜러)를 의식하고 있는지 잘 관찰할 것.
- 배당금 지불을 해야 할 당첨 번호가 정확한지 확인할 것.
- 딜러는 배당금이 맞는지 확실히 확인하고 지불할 것.
- 볼이 돌고 있는 동안 레이아웃을 살펴서, 베팅 한도를 초과하는 벳은 없는지, 그리고 베팅 구역을 알아볼 수 없이 뒤섞여 있는 벳은 없는지 확인할 것.
- "베팅 마감"을 알리는 콜은 볼이 굴러 떨어질 때가 아니라, 떨어지기 전에 해야 한다는 것을 명심할 것.

Unit 4. Game Procedures

Dealer : Welcome, sir!

Player : I'm a newcomer here. What should I do?

Dealer : Yes, sir. First, change your cash into the chips, please.

Player : Where can I buy the chips?

Dealer : You can buy chips at this table. 2,500 won each.

Player : I see. Change this fifty thousand won to the chips, please.

Dealer : Yes, sir. For fifty thousand won, you can get 20 chips. Here you are.

Dealer : These chips are only for this table.

Player : Oh, yes. But how do I bet?

Dealer : Please place your bet on the number or column in the layout.

Dealer : If your bet wins, the dealer will pay off the winning bet according to the betting & payout rules.

Player : It sounds interesting. Will it be alright to bet like this.

Dealer : Please place your bet properly, before the spinning ball falls down the wheel.

Player : I see the point.

Dealer : Bets down, please.

Player : I'll bet three chips each on number 7, number 24 and twenty chips on the even numbers.

Dealer : Bets down before the ball falls down, please.

Dealer : Ball's falling down. No more bets.

Dealer : Number 7, red and odd wins!

Player : Wow! Number 7 won.

Dealer : Congratulations! Here is your payoff, 105 chips.

Player : Thank you very much!

Unit 4. 게임 진행

딜러 : 어서 오십시오.

고객 : 룰렛 게임은 처음인데 어떻게 하는 것입니까?

딜러 : 네, 먼저 칩을 구입하셔야 합니다.

고객 : 그럼, 칩은 어디서 구입할 수 있습니까?

딜러 : 칩은 이 테이블에서 구입할 수 있습니다. 1개에 2,500원입니다.

고객 : 알겠습니다. 5만원입니다. 칩으로 바꾸어 주십시오.

딜러 : 네, 5만원에 대한 칩스 20개, 여기 있습니다.

딜러 : 이 칩은 룰렛 테이블에서만 사용됩니다.

고객 : 그렇습니까. 그럼, 베팅은 어떻게 합니까?

딜러 : 여기 레이아웃에 적힌 번호나 구역에 베팅하시면 됩니다.

딜러 : 베팅한 번호나 구역이 당첨될 경우, 딜러는 배당률에 의해 배당금을 지불합니다.

고객 : 재미있겠는데요. 이렇게 베팅하면 되겠습니까?

딜러 : 베팅은 제 위치에, 또 회전하는 볼이 휠 아래로 떨어지기 전에 해 주시기 바랍니다.

고객 : 알겠습니다.

딜러 : 베팅 바랍니다.

고객 : 7번과 24번에 칩스 세 개씩 그리고 짝수에 칩스 이십 개를 베팅하겠습니다.

딜러 : 볼이 떨어지기 전에 베팅하여 주십시오.

딜러 : 볼이 떨어집니다. 이제 더 이상 베팅은 안 됩니다.

딜러 : 7번, 빨강과 홀수가 당첨되었습니다.

고객 : 와! 7번 당첨이다.
딜러 : 축하드립니다. 배당금 칩 105개입니다.
고객 : 감사합니다.

Words and Phrases

newcomer 새로 온 사람
place a bet 베팅하다
layout 레이아웃, 펼치기, 배치
according to …에 따라서
properly 정확히, 제대로
spin 돌리다
fall down 떨어지다
payoff 배당 지불금

Unit 5. Game Rules

ROULETTE Rules

Roulette is the wheel game in which special chips are used. The chips have no monetary value and are not redeemed outside the roulette table where they were purchased.

A roulette table will have between six and eight different colors of chips available for player purchase. Normally, six colors are used for roulette chips : red, white, yellow, green, blue, and brown. Each color will typically have 15 stacks of twenty chips available for play on the game.

A Double Zero Roulette wheel contains the numbers 1 through 36 plus 0 (single zero) and 00 (double zero). The wheel contains 18 red numbers, 18 black numbers and two green numbers (0 and 00). Eighteen of the 36 numbers are even and 18 are odd.

The Roulette table layout is numbered and colored the same as the wheel. The number and color of the slot into which the ball, spun by the dealer, slows down to fall, becomes the winning number. Winning bets are paid out according to the pay-off rate.

To avoid confusion and disputes, each player has chips of one color, different from the colors used by the other players at the game.

You may buy the chips from the dealer and simply place the bet of your choice. However, you are advised to change the Roulette playing chips into cash chips before leaving that table.

The player can place his bet just before the dealer calls "NO MORE BETS," which means the ball is about to fall down. So bets placed after "NO MORE BETS" are invalid.

Unit 5. 룰렛 게임 규칙

룰렛은 룰렛 고유의 칩을 사용하는 휠(바퀴) 게임이다. 룰렛 칩은 액면가가 표시되어 있지 않아 칩을 구입한 룰렛 테이블에서만 되팔 수 있지, 다른 테이블에서는 되팔 수 없다.

룰렛 테이블에는 6에서 8가지 색의 칩이 있으며, 흔히 6가지의 색-적, 백, 황, 록, 청, 갈색을 많이 이용한다. 대개의 경우, 각각의 색은 칩스 20개 단위의 스택(Stack : 겹쳐 쌓은 것)을 15개씩 준비하여 게임에 사용한다.

룰렛 휠에는 1에서 36까지의 숫자와 0과 00이 적혀 있다. 숫자는 18개의 적색과 18개의 흑색 및 0과 00의 녹색으로 되어 있다. 36까지의 숫자는 18개의 짝수와 18개의 홀수로 구분된다.

룰렛 테이블 레이아웃에는 룰렛 휠과 동일한 색의 숫자가 적혀 있다. 딜러가 휠에서 회전시킨 볼이 홀에 떨어져 들어간 숫자와 색이 당첨 번호가 되고, 당첨금은 배당률에 따라 지불한다.

플레이어는 자신을 구별하기 위하여 다른 플레이어가 사용하고 있지 않는 한 가지 색의 칩을 사용한다.

플레이 칩은 테이블에서 구입하여 자유로이 베팅할 수 있으나, 테이블을 떠날 때에는 플레이 칩을 머니 칩으로 교환하여야 한다.

베팅은 회전하는 볼이 떨어지려고 할 즈음에 딜러가 "베팅 마감(No More Bets)" 임을 알리는 콜을 하기 전까지만 할 수 있다. 그 이후에 한 베팅은 무효가 된다.

Words and Phrases

contain 포함하다
even 짝수
odd 홀수
winning number 당첨 번호
pay-off rate 배당률, 시상률
avoid 피하다
confusion 혼잡, 혼돈
invalid 무효한, 효력이 없는
be about to …하려고 하다

◈ Roulette Bets and Pay-offs are as follows:

Ⓐ One Number (Straight) Bet pays ······ 35 to 1

Ⓑ Two Numbers (Split) Bet pays ······ 17 to 1

Ⓒ Three Numbers (Street) Bet pays ······ 11 to 1

Ⓓ Four Numbers (Corner, Quarter or Square) Bet pays ······ 8 to 1

Ⓔ Five Numbers(0, 00, 1, 2, or 3) Bet pays ······ 6 to 1

Ⓕ Six Numbers (Line) Bet pays ······ 5 to 1

Ⓖ Dozen Bet pays ······ 2 to 1

Ⓗ Column Bet pays ······ 2 to 1

Ⓘ Low Numbers (1-18) Bet pays ······ 1 to 1

Ⓙ High Numbers (19-36) Bet pays ······ 1 to 1

Ⓚ Red or Black Numbers Bet pays ······ 1 to 1

Ⓛ Odd or Even Bet pays ······ 1 to 1

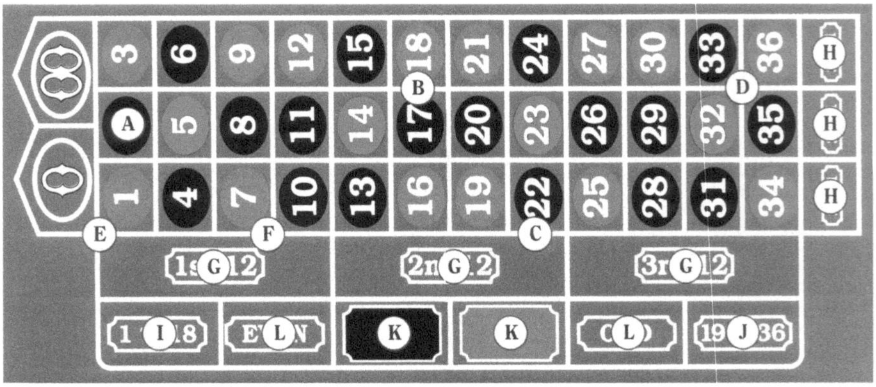

◈ 룰렛의 벳과 배당금 지불은 다음과 같다.

Ⓐ 싱글 넘버 (스트레이트) 벳 지불 ······ 35 : 1
Ⓑ 투 넘버 (스플릿) 벳 지불 ······ 17 : 1
Ⓒ 쓰리 넘버 (스트리트) 벳 지불 ······ 11 : 1
Ⓓ 포 넘버 (코너, 쿼터 및 스퀘어) 벳 지불 ······ 8 : 1
Ⓔ 파이브 넘버 (0, 00, 1, 2, or 3) 벳 지불 ······ 6 : 1
Ⓕ 식스 넘버 (라인) 벳 지불 ······ 5 : 1
Ⓖ 다즌 벳 지불 ······ 2 : 1
Ⓗ 칼럼 벳 지불 ······ 2 : 1
Ⓘ 로우 넘버 (1-18) 벳 지불 ······ 1 : 1
Ⓙ 하이 넘버 (19-36) 벳 지불 ······ 1 : 1
Ⓚ 적색 · 흑색 넘버 벳 지불 ······ 1 : 1
Ⓛ 홀수(오드) · 짝수(이븐) 벳 지불 ······ 1 : 1

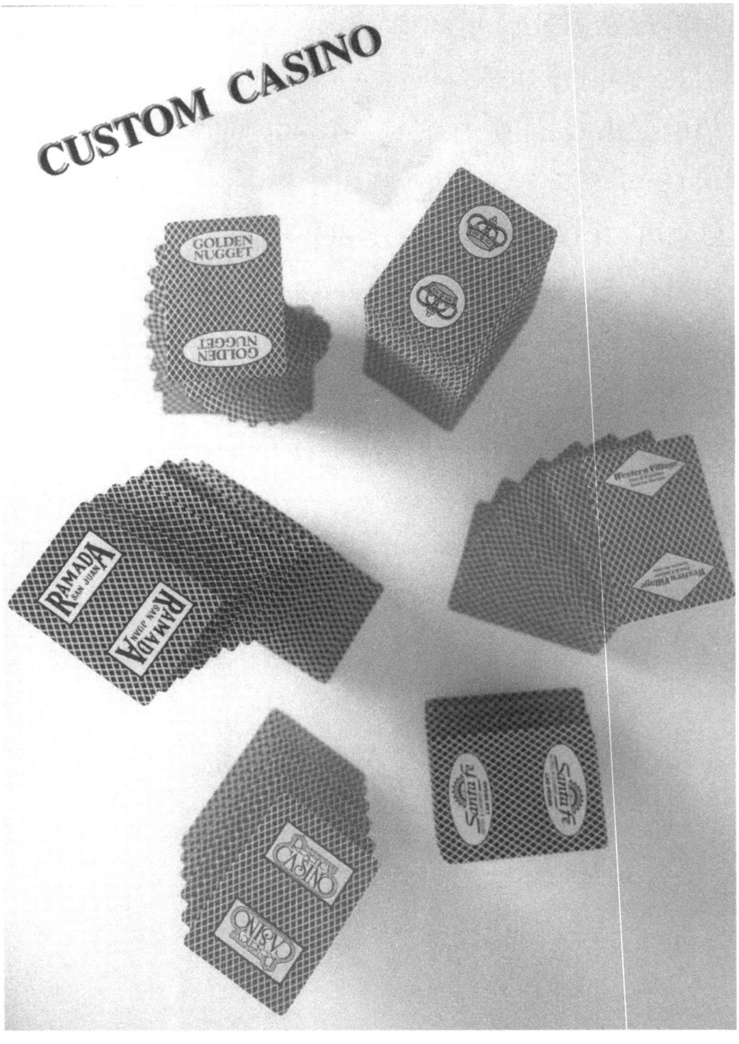
CUSTOM CASINO
GOLDEN NUGGET
GOLDEN NUGGET
RAMADA SAN JUAN
RAMADA SAN JUAN
CASINO
CASINO

CHAPTER 9

CRAPS

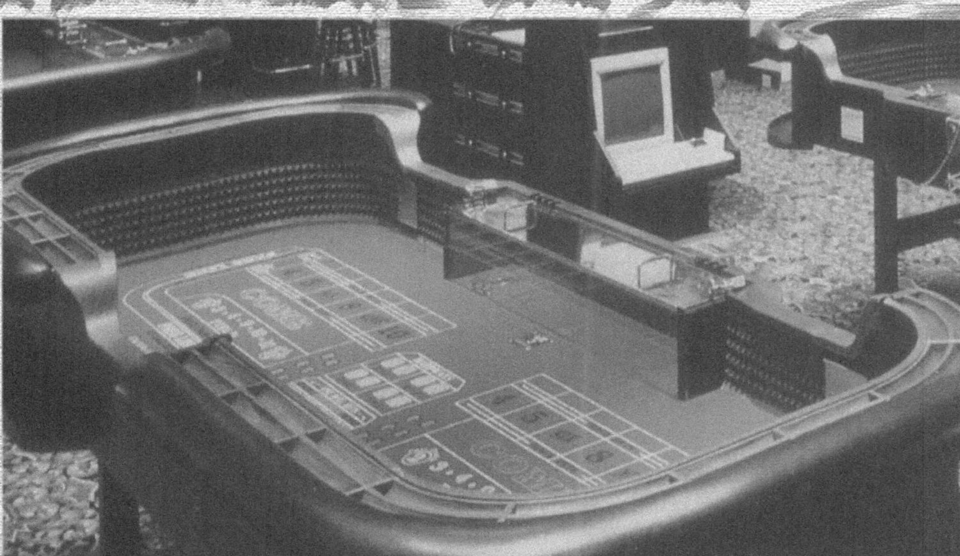

Craps:

The dice game “craps” is one of the fastest and most exciting games in a casino. It came to New Orleans in the early 1800s via Europe — New Orleans was the gambling capital of America through most of the 19th century.

It was introduced to the world by American soldiers during World War II, and can be found in most casinos worldwide today. Any number may play, one person is the “shooter” who throws the dice, all others bet in favor of the shooter, or bet against him.

주사위 게임인 크랩스는 카지노에서 가장 속도감이 있고 흥미가 넘치는 게임 중의 하나이다. 이 게임은 1800년대 초반 유럽을 거쳐 뉴올리언스로 도입되었으며, 뉴올리언스는 19세기가 끝날 때까지 미국의 대표적인 갬브링 중심지였다.

제2차 세계대전 중 크랩스는 미국 군인들을 통해 전세계로 전파되었으며, 지금은 전세계의 거의 모든 카지노가 이 게임을 도입하고 있다. 참가 인원에는 제한이 없으며, 모든 참가자들 중 한 사람이 슈터가 되어 다이스를 던진다. 그러면 그 밖의 플레이어는 슈터의 편에 서거나 아니면 반대편에 서서 베팅을 하는 게임이다.

Words and Phrases

dice game 주사위 게임
capital 중심지, 수도
soldier 군인
worldwide 세계적인, 온 세계에
in favor of …의 편에, …을 지지하여

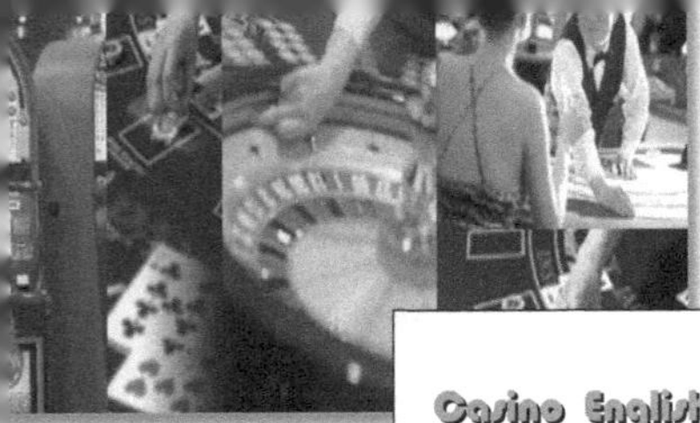

Unit I. Introduction

Player : What kind of game is craps?

Dealer : Craps is a dice game, and one of the fastest and most exciting games in a casino.

Player : Well, when was it introduced as a game?

Dealer : In the United States, the game dates back to the early 1800s when it was introduced in New Orleans via Europe.

Player : It‘s a favorite game for Americans, isn’t it?

Dealer : Yes, it is. Craps reached its peak in popularity during World War II, and it was a popular game with the American soldiers.

Dealer : Today, craps may be found in most casinos in the United States.

Player : How do we play?

Dealer : A player throws two dice.

Dealer : Each die has dots on it ranging from 1 to 6.
The players bet for or against the chance of certain scores.

Player : Well, how many outcomes are there by throwing dice?

Dealer : The possible range of outcomes number from 2 to 12 and the total number of combinations is 36.

Dealer : The outcome with the highest probability is 7 and the lowest probability are 2, and 12.

CRAPS TABLE

Unit 1. 게임 소개

고객 : 크랩스는 어떤 게임인가요?

딜러 : 크랩스는 주사위게임이며 카지노에서 가장 빠르면서 짜릿한 게임 중의 하나입니다.

고객 : 그럼, 이 게임은 언제 도입이 되었습니까?

딜러 : 미국의 경우 이 게임의 역사는 유럽을 거쳐 미국의 뉴올리언스로 전파된 1800년대 초부터 시작됩니다.

고객 : 미국인들에겐 친숙한 게임이겠군요?

딜러 : 네, 그렇습니다. 크랩스는 2차 세계대전 동안 최고의 인기를 누렸으며, 미군에게 인기가 있었습니다.

딜러 : 오늘날 미국은 대부분의 카지노에 크랩스가 있습니다.

고객 : 게임은 어떻게 하는가요?

딜러 : 플레이어가 두 개의 주사위를 굴려서 던집니다.

딜러 : 하나의 주사위는 육면체로서 각각의 면에 1에서 6까지의 점이 찍혀 있습니다.

플레이어는 두 점을 합친 예상되는 수에 베팅을 합니다.

고객 : 그럼, 주사위를 던져서 나오는 수는 몇 가지가 됩니까?

딜러 : 두 개의 주사위를 던져 나오는 숫자는 2에서 12이며, 경우의 수는 모두 36가지가 됩니다.

딜러 : 확률이 가장 높은 숫자는 7이고, 가장 낮은 숫자는 2나 12가 됩니다.

Words and Phrases

craps 크랩스(하나에서 여섯까지 점이 있는 주사위 두 개로 하는 테이블 게임)

dice 주사위(복수로 쓰임, 단수는 die), 주사위놀이

dice game 주사위로 하는 게임

exciting 짜릿한

introduce 소개하다, 도입하다

via …을 지나서, …경유로

favorite 우호적인

reach 도달하다

range 범위

combination 조합, 결합

outcome 결과

probability 확률

Unit 2. Craps Dealer

Player : Please let me know how you run the game?

Dealer : There are four casino employees to run one craps game.

Player : All four?

Dealer : Yes, sir. Two dealers standing on the right and left sides of the table place and pay bets.

Dealer : One stick person standing in the middle of the table calls the game and keeps the game moving.

Player : And, the last one?

Dealer : Yes, sir. Finally, one boxman sitting behind the table assists the dealers and monitors the game.

Dealer : The boxman is the casino executive in charge of overseeing the craps table.

Player : Oh, I see.

Unit 2. 크랩스 딜러

고객 : 게임 운영은 어떻게 합니까?

딜러 : 크랩스 게임은 테이블당 4명의 딜러가 있습니다.

고객 : 모두 4명이나요?

딜러 : 네, 그렇습니다. 두 명의 딜러가 테이블 안쪽의 양 끝에 각각 위치하여 베팅과 베팅금의 지불 및 수취를 담당하며…

딜러 : 한 명의 스틱 퍼슨은 테이블 바깥쪽의 중앙에서 콜을 하며, 게임을 진행합니다.

고객 : 그리고, 마지막 사람은?

딜러 : 네, 끝으로, 또 한 명의 복스맨이 테이블 뒤쪽에 앉아 딜러를 보조하며 게임을 감독합니다.

딜러 : 복스맨은 크랩스 테이블을 감독하는 간부이기도 합니다.

고객 : 잘 알았습니다.

Words and Phrases

employee 종업원, 직원

in the middle of …의 가운데

monitor 감독하다

executive 간부

in charge of …의 담당

roll 굴리다

◈ Tips for Craps Dealer

- Watch the hands of the shooter just before he picks up the dice. Are his hands open or closed?
- Dice must leave shooter's hand simultaneously.
- Dice must be picked up and shot with one hand.
- Never let the payout go out unless you are absolutely certain it is correct.
- Be aware of big players and treat them accordingly.

◈ Tips for Craps Dealer

- 슈터가 다이스를 집기 직전, 그의 손이 편 상태인지 오므린 상태인지를 관찰할 것.
- 다이스, 즉 주사위 2개는 던질 때, 반드시 슈터의 손에서 동시에 던져지는지 확인할 것.
- 다이스는 반드시 한 손으로 집어서 한 손으로 던지도록 할 것.
- 딜러는 배당금이 맞는지 확실히 확인하고 지불할 것.
- 베팅이 큰 플레이어가 누구인지 살펴서 플레이에 걸맞게 대우하도록 할 것.

Unit 3. Game Procedure

Player : Who is the shooter?

Dealer : We call the player who rolls the dice the shooter.

Player : What is the come-out?

Dealer : The first roll of the dice is known as the come-out or come-out roll.

Player : Shall I roll the dice here?

Dealer : Without placing a bet on the pass line, you cannot roll the dice.

Player : Well. How much is the minimum bet?

Dealer : The minimum bet on the pass line is ten thousand won.

Player : Oh, I see. I'll bet thirty thousand won on the pass line.

Dealer : If you roll a 7 or an 11 on the come-out, you pass or win your bet, even money.

Dealer : If you roll a 2, a 3 or a 12 on the come-out, you are crapped-out and lose the bet.

Player : What is the point?

Dealer : When the shooter rolls one of 4, 5, 6, 8, 9, or 10 numbers, the number becomes his point.

Dealer : And, he must throw his point again before a 7 to win.

Player : I'm sorry, but I don't get it.

Dealer : If, for example, the point was a 5 and the shooter rolled a 5 before rolling a 7 then the pass line bets win.

Player : Now, I've got it.

Unit 3. 게임 진행

고객 : 슈터란 누구를 말하는 것입니까?

딜러 : 주사위를 굴려서 던지는 플레이어를 "슈터"라고 부릅니다.

고객 : 컴아웃은 무엇인지요?

딜러 : 다이스를 첫 번째 굴려서 던지는 것을 컴아웃 또는 컴아웃 롤이라고 합니다.

고객 : 여기서 한 번, 다이스를 던져 볼까요?

딜러 : 패스 라인에 베팅을 먼저 하여야 다이스를 던질 수 있습니다.

고객 : 그럼, 최소 베팅은 얼마입니까?

딜러 : 패스 라인의 최소 베팅은 만원입니다.

고객 : 알겠습니다. 패스 라인에 삼만원 걸겠습니다.

딜러 : 다이스를 던져서 첫 번째 던진 컴아웃 롤이 7이거나 11이면 이기게 되어, 한 배(倍)의 배당금을 받게 됩니다.

딜러 : 다이스를 던져서 첫 번째 던진 컴아웃 롤이 2, 3, 11이면 지게 됩니다.

고객 : 포인트란 무엇인가요?

딜러 : 슈터가 던진 컴아웃 롤이 4, 5, 6, 8, 9 또는 10이면 그 숫자가 자신의 포인트가 됩니다.

딜러 : 그런 다음 다시 던져서 자신의 포인트가 7보다 먼저 나오게 되면 이기게 됩니다.

고객 : 잘 이해가 안 가는데요.

딜러 : 예를 들어 포인트가 5였는데 슈터가 던진 숫자가 7이 아니고 5가 나왔다면, 그 패스 라인 벳은 이기게 된다는 것입니다.

고객 : 네, 알겠습니다.

Words and Phrases

shooter 슈터(다이스를 던지는 플레이어)
come-out 컴아웃(다이스를 처음 던지는 것)
without …없이
even money 한 배(倍)의 배당금
crap-out (주사위 게임에서) 승부에 지다
point 포인트(크랩스 게임에서 4, 5, 6, 8, 9 및 10의 수)

Unit 4. Game Rules

CRAPS Rules

Ⓐ Pass Line : An even money bet. The player wins on a natural 7 or 11 — or loses on "craps" 2, 3, or 12 on the first roll. Any other number is his point, and he must throw his point again before a 7 to win.

Ⓑ Don't Pass Line : Reverse of Pass Line. The player loses on a natural 7 or 11 on the first roll. He wins on 2 or 3 (should 12 come up — it is a standoff, nobody wins). The player loses after the first roll if the shooter makes his point — wins if he throws 7 before making his point.

Ⓒ "Taking" Odds : Once a point is made on the first roll or a come point on a succeeding roll, a player may make an additional wager on the point by "taking the odds" and he wins if the point or "come point" is made before a 7.

Ⓓ "Laying" Odds : Wagering the odds on the Don't Pass Line or Don't Come bets are in reverse of the Pass Line and Come bets. Instead of "taking odds" a player may "lay the odds" in order to win.

Ⓔ Come Bets : Made any time after the 1st roll when the shooter has a point to make. The player wins on natural 7 or 11- loses on craps. Any number that comes up is the "come point." The player wins if "come point" is made before a 7 is thrown.

Ⓕ Don't Come : A player loses on natural 7 or 11- wins on craps 2 or 3. Stand-off is on 12. The player loses if "come point" is made before a 7 is thrown.

Ⓖ Place Bets : Once a shooter makes a point, a player may take a place bet on number 4, 5, 6, 8, 9, 10. If the shooter throws any of these number before a 7, the player wins. A place bet may be taken off any time before a roll.

Ⓗ Field Bets : A one roll bet. The player wins even money on 3, 4, 9, 10, 11-two to one on 2 or 12, but he loses on 5, 6, 7, or 8.

Ⓘ Proposition Bets : Any crap on the first roll—2, 3, or 12, pays eight for one, any 7 on the first roll pays five for one, 2 or 12 on the first roll pays 30 for one, 11 pays 15 for one, can be bet every roll of the dice.

Ⓙ Hard ways : Hard ways are even numbered points, 4, 6, 8, or 10. An example of a hard 10 is when each die shows 5 dots. A player wins if combinations are made as he bets them. The player loses if a hard way is made any other way than in pairs, or if a 7 is thrown.

Ⓚ Big 6 or 8 : The player wins even money if a 6 or an 8 is thrown before a 7.

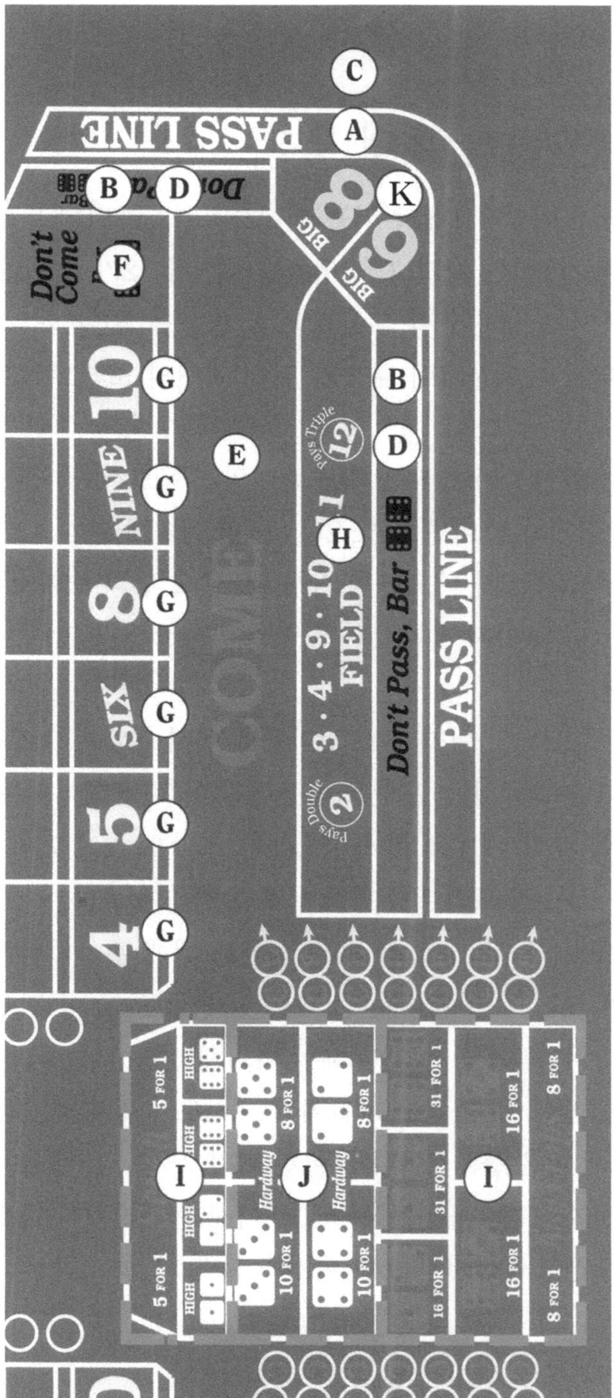
PASS LINE
Don't Pass, Bar
Don't Come
BIG 8
BIG 6
10
NINE
8
SIX
5
4
COME
Pays Triple 12
3 · 4 · 9 · 10 · 11
FIELD
Pays Double 2
Hardway
HIGH
5 FOR 1
8 FOR 1
10 FOR 1
31 FOR 1
16 FOR 1
A
B
C
D
E
F
G
H
I
J
K

Unit 4. 크랩스 게임 규칙

Ⓐ 패스 라인 : 배당이 1배가 되는 베팅으로서, 첫 번째 던진 컴아웃 롤이 7이거나 11이면 이기고, 크랩스 2, 3이나 12가 나오면 지게 된다. 이기거나 지는 숫자가 아닌 4, 5, 6, 8, 9 또는 10이 나오면 포인트가 되는데, 다시 던져서 7이 나오기 전에 자신의 포인트가 먼저 나오면 이기게 된다.

Ⓑ 돈트 패스 라인 : 패스 라인과는 반대의 경우로서, 첫 번째 던진 컴아웃 롤이 7이거나 11이면 지고, 2나 3이면 이기게 된다. 그러나 돈트 패스 라인에서는 12가 나오면 비기게 된다. 그 밖의 숫자로서 포인트가 정해지면, 다시 던져서 자신의 포인트가 나오면 지고, 7이 나오면 이기게 된다.

Ⓒ "테이킹" 옷즈 : 첫 번째 던진 컴아웃 롤에서 포인트가 정해진 이후나 또는 그 다음 롤에서 컴 포인트가 정해진 이후, 플레이어는 "테이킹 옷즈"를 하여 추가 베팅을 할 수 있으며, 그렇게 하여 7이 나오기 전에 포인트나 또는 컴 포인트가 먼저 나오면 이기게 된다.

Ⓓ "레잉" 옷즈 : 돈트 패스 라인 또는 돈트 컴에 추가베팅을 하는 것은 패스 라인 또는 컴 벳에 하는 것과는 반대가 된다. 이 경우는 "테이킹 옷즈"가 아니라 "레잉 옷즈"를 해야 이기게 된다.

Ⓔ 컴 벳 : 첫 번째 던진 컴아웃 롤에서 포인트가 정해진 이후 하게 되는 베팅으로서 다음 롤이 7이나 11이면 이기고, 크랩스에서는 지게 된다. 그 밖의 숫자는 "컴 포인트"가 되고, 다시 던져서 7이 나오기 전에 자신의 컴 포인트가 먼저 나오면 이기게 된다.

Ⓕ 돈트 컴 : 내추럴 7이나 11이면 지고, 크랩스 2나 3이면 이기게 된다. 12가 나오면 비기게 된다. 여기서 7이 나오기 전에 자신의 컴 포인트가 먼저 나오면 지게 된다.

Ⓖ 플레이스 벳 : 포인트가 정해진 이후 언제든지 4, 5, 6 ,8, 9 또는 10의 포인트숫자에 대해 플레이스 벳을 할 수 있다. 플레이스 벳은 7이 나오기 전에 자신의 포인트가 먼저 나오면 이기게 된다. 플레이스 벳은 롤하기 전에는 언제든지 취소할 수 있다.

Ⓗ 필드 벳 : 필드 벳은 다이스를 한번 던져 즉석에서 승패가 결판나는 것을 말한다. 필드는 2, 3, 4, 9, 10, 11 및 12의 숫자가 해당되며, 이 중에서 3, 4, 9, 10, 11이 나오면 베팅 금액의 1배를, 2, 12가 나오면 2배를 시상금으로 지불된다. 그러나 5, 6, 7 및 8의 숫자가 나오면 지게 된다.

Ⓘ 프로포지션 벳 : 다이스를 한번 던져 승패가 결정되는 베팅으로서 4가지 유형이 있다. 크랩스의 2, 3, 12 중에서 한 숫자가 나올 경우 8배의 시상금, 7이 나오면 5배, 2 또는 12가 나오게 되면 30배, 그리고 11이 나올 경우 8배의 시상금이 지불된다.

Ⓙ 하드 웨이즈 : 하드 웨이즈는 4, 6, 8, 10과 같이 주사위 두 개가 같은 점으로 이루어진 짝수의 숫자를 말한다. 예를 들면, 하드 10은 각각의 주사위가 5점으로 짝을 이룬 것이다. 하드 웨이즈에 베팅하여 주사위 두 개가 같은 점으로 이루어진 짝수의 숫자가 나오면 이기게 되나 같은 4, 6, 8, 10의 숫자라고 하여도 두 개의 주사위가 같은 점이 아니거나 또는 7의 숫자가 나오면 지게 된다.

Ⓚ 빅 식스 또는 빅 에잇 : 7이 나오기 전에 6이나 또는 8이 나올 경우 1배의 시상금이 지불된다.

Words and Phrases

natural 내추럴(크랩스에서 이기게 되어 있는 7 또는 11의 수)

reverse 반대의, 거꾸로 된

stand-off 무승부, 비기기

odds 유리한 조건(advantage), 핸디캡, 우세

succeeding 이어서 일어나는, 다음의

CASINO TERMINOLOGY

카지노 전문용어

A

ACE

1) a single spot or pip on a playing card, die. a playing card or die having one spot or pip. 2) in blackjack, playing card with a value of one or eleven. 3) one dollar chip.
1)(카드 · 주사위의) 1, 에이스 ; (카드의) 1의 패, 에이스 패 ; (주사위의) 1의 면, 1의 주사위. 2)블랙잭 게임에서 1 또는 11의 패가 되는 카드. 3) 1달러짜리 칩.

ACE-DEUCE

a roll of the dice totaling three
주사위 두 개를 굴린 합이 3이 나온 것

ACTION

sum total of all wagers made.
베팅한 금액의 합계.

AIRPORT LIMOUSINE

A van or small bus used to carry passengers on a regular route, as between an airport and a downtown hotel.
공항과 호텔간을 운행하는 밴 또는 작은 셔틀 버스, 그러나 최근에는 최신형 대형 버스가 많이 운행되고 있다.

ALL-IN

1) all-inclusive 2)in poker, to run out of chips while betting or calling
1) 모든 것을 포함한, 2)포커게임에서 가지고 있는 칩스를 전부 베팅하거나 또는 콜하는 행위

B

BACCARAT

card game in which the winner is the player who holds two or three cards totaling closest to nine. Typically a high stakes game, also known as “Chemin de fer”, “Punto Banco.”

카드 두 장 또는 세 장의 합이 9에 가장 가까운 플레이어가 이기게 되는 카드 게임이며, 대체로 베팅이 큰 게임이다. "슈맹드페르" 또는 "푼토 방코"라고도 한다.

BANK

1) also known as "bankroll," sum of money present at a gambling table. 2) location to keep and control the casino chips or cards.

1) "뱅크롤"이라고도 하며, 게임 테이블이 보유하고 있는 금액의 합계. 2)카지노의 칩스나 카드를 보관 및 관리하는 곳.

BANKROLL

the amount of money the table is stocked with at the beginning of the shift. It may also refer to the total operating fund maintained by the cage or the inventory of chips maintained on a gaming table.

시프트가 시작되는 시점에 테이블이 보유하고 있는 금액의 합계. 한편 케이지가 보유하고 있는 운전자금 총액, 또는 테이블이 보유하고 있는 칩스 금액의 합계를 의미하기도 한다.

BEE

Bee brand cards which have an unbroken diamond back pattern with no border. Manufactured by The United States Playing Card Company.

카드의 일종으로서 카드 뒷면에 경계선이 없는 다이아몬드 무늬로 도안된 카드를 말한다. The United States Playing Card Company가 제작한 것인데, 라스베가스를 비롯한 대부분의 카지노에서 이 카드를 사용하고 있다.

BET

wager made by the player in the casino.

카지노에서 플레이어가 내기에 건 베팅액.

BIG SIX

often called the Wheel of Fortune or Money Wheel. a game that uses a large, vertical wheel with varied payoffs, players wager that a wheel spun by a dealer will land on one of six possible outcomes.

휠오브 포춘 또는 머니 휠이라고도 하며, 수직으로 세운 큰 수레바퀴를 돌려서 정지한 위치에 따라 배당금이 지급되는 게임. 배당금의 종류가 6가지이므로 "빅식스"라고 한다.

BLACKJACK

1) also known as a twenty-one game, a card game whose object is to have cards total 21(twenty-one), or as near to twenty-one as possible. 2) a hand totaling 21 with the first two cards comprised of an ace and a ten or a ten value card.
1) 게임의 목적이 보유 카드의 합계가 21이 되거나, 최대한 21에 가깝게 만드는 데 있는 카드 게임이며, 21게임이라고도 한다.
2) 처음 카드 두 장이 에이스와 10 또는 10의 가치를 지닌 카드(즉 킹, 퀸, 잭 등의 그림 카드)로서 카드의 합계가 21이 되는 핸드를 말한다.

BLACK LIST

카지노 출입이 허용되지 않는 불량고객의 명단으로, 주로 보안부서에서 유지하는 정보 자료이다.

BOXMAN or BOXPERSON

asino employee in charge of the craps table who assists the stick person or dealer and monitors the game, who deposits money in the drop box; and monitors the payouts to ensure accuracy.
크랩스 게임에서 스틱 퍼슨이나 딜러를 보조하고 게임을 감독하며, 드롭 박스에 돈을 집어 넣거나, 그리고 배당금이 제대로 지불되는지 확인하는 일을 하는 카지노 직원이다.

BUCK

one dollar bill. 1달러 짜리 지폐

BUST

in blackjack, cards totaling more than twenty one, also known as burst, break, worthless hand. 블랙잭 게임에서 카드의 합계가 21을 초과한 경우로서 burst, break, worthless hand라고도 한다.

C

CAGE

the area of the casino cashier, which is generally located in the back or farthest point from an entrance or exit.

카지노 캐셔가 위치한 곳. 대개의 경우 카지노의 안쪽이나 출입구로부터 가장 먼 지점에 위치하고 있다.

CALL

the announcement of colors, numbers, changes, and wagers.
칩스의 색깔, 수량, 교환 및 베팅을 소리내어 말하는 것.

CARD

basic device for many table games including blackjack, baccarat, and poker consisting of a stack or deck of fifty-two, made of laminated paper, and being numbered or pictured on one side with a design on the other.
블랙잭, 바카라 및 포커 게임을 포함한 테이블 게임에서 사용되는 한 면은 숫자나 그림이고 또 한 면은 도안으로 된 박판지 52매로 구성된 게임 도구.

CAROUSEL

location of the slot cashier surrounded by slot machines.
슬롯머신 가운데 위치한 슬롯 캐쉬어의 위치.

CASHIER

the casino employee who handles transactions in the cage.
케이지에서 금전거래를 담당하는 카지노 회계 직원.

CASH OUT

changing chips for currency.
칩스를 현찰로 교환하는 것.

CASINO

establishment where wagering or betting is legally allowed which may contain other amenities such as bars, food service, lodging, etc. Also called house.
내기 또는 베팅이 법적으로 허용되는 시설을 말하며 바, 식사 및 숙박 등의 편의시설을 포함하기도 한다. 흔히 하우스라고도 한다.

CASINO HOST

a casino employee who provides a personal link between the casino and premium table games and slot players by handling some marketing, promotions, invitations to special events, etc.
액션이 큰 카지노 고객을 마케팅, 판촉 및 행사 초대 등을 통해 유치하는 판촉 직원.

CASINO HOTEL

a lodging facility that also contains casino.
갬브링을 할 수 있는 카지노를 보유한 숙박 시설.

CASINO MANAGER

the individual responsible for supervising the operation of the casino.
카지노의 운영 책임을 맡고 있는 자.

CHANCE

statistical probability. 통계상의 확률, 승산.

CHANGE COLORS

to exchange one denomination of casino chips for another, thus changing the color of ones chips.
카지노 칩스의 액면가를 다른 액면가로 교환하는 것, 즉 칩스의 색깔을 교환하는 것.

CHECK ROOM

a place where hats, coats, packages, or other items can be stored temporarily.
모자, 외투, 짐 등을 일시적으로 보관해 두는 장소, 즉 임시 보관소.

CHECKS, CHECQUES

negotiable gaming chips that are used in place of cash in the casino, and non-metallic gaming tokens that come in various denominations ranging one to five thousand dollars in the U.S.A.:
카지노에서 현금으로 사용되는 게임용 '유가(有價) 칩스'로서 비금속성 대용 화폐이며, 미국의 경우 액면가가 1달러에서 5,000달러까지 여러 종류가 있다.

$ 1.00	white	흰색
$ 2.50	pink	핑크색(보라색)
$ 5.00	red	빨간색
$ 20.00	yellow	노란색
$ 25.00	green	초록색
$ 100.00	black	검은색
$ 500.00	purple	자주색
$ 1,000.00	orange	오렌지색(주황색)
$ 5,000.00	gray	회색

한국에서는 '췌크'를 일반적으로 '칩스'라고 하며, 한편 '무가(無價) 칩스'와 구분하기 위해 '머니(money) 칩스'라고도 한다. 머니 칩스의 종류는 각 카지노에 따라 약간의 차이가 있지만, 대체로 액면가가 천원에서 100만원까지 5가지가 주로 사용되고 있다.

₩ 1,000	yellow	노란색
₩ 5,000	blue	파란색
₩ 10,000	red	빨간색
₩ 100,000	pink	핑크색(보라색)
₩ 1,000,000	golden	황금색

CHIPS

tokens used instead of cash on all game tables in the casino. Unlike checks or cheques, chips do not have a predetermined value and can only be wagered or redeemed at the game table purchased, as roulette.

카지노의 게임 테이블에서 현금 대신 사용되는 대용화폐. 이것은 췌크(한국 카지노에서는 '유가(有價) 칩스'를 의미)와 달리 액면 가치가 정해져 있지 않고 단지 베팅을 하기 위해 사용되며, 현금(유가 칩스)으로 바꾸는 것은 룰렛에서와 같이 게임을 하기 위해 칩스를 구매한 테이블에서만 가능하다. '무가(無價) 칩스' 또는 '플레이 칩스'라고 하기도 한다.

COMMISSION

a percentage or fee charged by the casino on some bets or games. In baccarat the banker has a slight edge, compared to the player, a 5% commission is to collect from banker bets when the banker wins.

어떤 베팅이나 게임에서 카지노가 떼어가는 일정 비율 또는 비용. 바카라 게임의 경우 뱅커측이 플레이어에 비해 승률에서 조금 높게 되어 있기 때문에 뱅커가 이기면 5%의 커미션을 떼게 되어 있다.

COMPLIMENTARY

also known as a "comp," free use of casino services such as hotel rooms or restaurants. It is a marketing tool used to attract players to a certain casino.

흔히 "콤프"라고도 하며, 카지노에서 제공하는 객실이나 식당의 무료 이용을 의미한다. 고객을 카지노로 끌어들이는 마케팅 도구의 하나라고 할 수 있다.

CORNER BET

in roulette, a wager placed on the intersection of four numbers that is paid at eight to

one and is also called a square bet.
룰렛 게임에서 네 개의 숫자가 있는 교차점에 놓는 베팅으로서 8배의 배당금을 지불하며, 스퀘어 벳이라고도 한다.

CRAPS

1) table game using two dice, each with spots representing the numbers one through six, 2) in the game of craps when a two, three, or twelve are rolled.
1) 하나에서 여섯까지 점이 있는 주사위 두 개로 하는 테이블 게임. 2) 크랩스 게임에서 주사위 두 개의 합이 2, 3 및 12가 나온 경우.

CRAPS DEALER

a casino employee who is in charge of the collection and pay off of wagers in craps.
크랩스 게임에서 베팅 금액을 수취하거나 지불하는 카지노 직원.

CREDIT

the custom in casinos where gamblers are allowed to bet without money so long as they agree to repay all losses they might incur.
카지노에서 고객이 변제할 것을 약속하고 현찰이 없는 상태에서 베팅, 즉 게임을 하게 하는 제도.

CROUPIER

1) another term used to refer to a casino dealer 2) a french word or term for gaming table employee.
1) 카지노 딜러의 다른 표현. 2)게임 테이블 직원의 프랑스어 용어.

CUSTOMER DEPOSIT

also known as "front money." money or funds deposited with the casino cage for the purpose of wagering.
"프론트 머니"라고 하며, 고객이 게임을 하기 위해 카지노 케이지에 맡겨두는 자금을 말함.

CUT

in card games, the splitting of the deck into two piles, then putting them back together in different order, and done to signify an unbiased shuffle.
카드 게임에서 카드덱을 두 부분으로 나누어 배열을 달리함으로써 셔플이 공평하게 이루어지도록 하는 행위.

CUT CARD

a divider, usually a solid piece of plastic put into the deck or the shoe to designate the time when the cards will be shuffled next.
디바이더. 다음 셔플의 시기를 지정하기 위해 덱이나 슈에 꽂는 플라스틱 재질의 표지.

D

DEAD TABLE

table to which a dealer is assigned but has no players.
딜러는 있으나 플레이어가 없는 테이블.

DEALER

casino employee who conducts a table game and is also called the croupier.
테이블 게임을 운영하는 카지노 직원, 크루피어라고도 한다.

DELIVERY

manner of getting the cards to the players.
카드를 플레이어에게 가져다 주는 행위.

DENOMINATION

the value or rank of a card, chips, or cash.
카드, 칩스 및 현찰의 액면 가치.

DICE

the two objects that are played with in craps, each having six sides with spots representing the numbers of one to six.
하나에서 여섯까지 점이 있는 주사위로서 크랩스 게임에 사용되는 두 개의 육면체.

DIE

singular of dice and is a small cube with six sides and spots representing the numbers one to six.
주사위 한 개. 하나에서 여섯까지 점이 있는 면이 육각인 작은 육면체 한 개.

DISCARD

cards that have been used in the course of playing a game.
게임 진행 중에 이미 사용한 카드.

DISCARD HOLDER

receptacle, usually of metal or plastic, that is used to retain the discard.
이미 사용한 디스 카드를 담아두는 금속 또는 플라스틱 재질의 용기.

DISPOSABLE INCOME

remaining to a person after taxes have been deducted. roughly, take-home pay, or that part of total income that is available for consumption or saving.
가처분 소득-개인 소득에서 일체의 개인세를 공제한 나머지 소득. 즉, 개인 소득 가운데 소비 또는 저축을 자유롭게 할 수 있는 소득.

DOUBLE DOWN

in blackjack, an option that allows the player to double the value of their wager after looking at the first two cards.
블랙잭 게임에서 플레이어가 처음 카드 두 장을 받아 보고 베팅을 두 배로 증가할 수 있는 선택권.

DOUBLE ZERO

roulette wheels have two zeros, with “0” and “00.”
“0”과 “00”, 두 개의 영(零)이 있는 룰렛 휠.

DROP

total amount of cash and chips removed from the drop box along with any credit issued at the game.
게임에서 드롭박스로 떨어진 현찰과 칩스 및 발행된 크레딧의 총액.

DROP BOX

box locked to the underside of a gaming table where the dealer deposits all currency, chips, and drop slips.
딜러가 모든 현찰, 칩스, 기타 드롭 슬립 등을 집어넣는 게임 테이블의 아래쪽에 걸려 있는 자물쇠가 채워져 있는 박스.

E

EDGE

the mathematical advantage, usually retained by the house.
하우스가 가지게 되는 수학적 승률.

EVEN MONEY

odds of one to one.
일 대 일의 배당금. 즉, 한 배(倍)의 배당금.

EYE IN THE SKY

1) surveillance system and personnel which monitor activity within the casino. 2) surveillance equipment suspended from the ceiling.
1) 카지노 내의 모든 행위를 감시하는 장비와 인력. 2) 천장에 매달려 있는 감시 장비.

F

FACE CARDS

picture cards as jack, queen, or king.
잭, 퀸 및 킹과 같은 그림 카드.

F&B

short for food and beverage.
식사와 음료의 준말, 식음료.

FILL

transfer of chips from the cage to the table which is documented by a fill slip.
필슬립의 작성에 의해 케이지에서 게임 테이블로 칩스를 이동하는 행위.

FILL SLIP

document that records the denominations and amount of chips, game number, game type, date, time and signatures of the employees conducting the fill transaction.
필 업무를 수행하는 직원이 작성하는 전표(傳票)로서 칩스의 액면 단위, 금액,

게임 종류, 테이블 번호, 일시를 기록하고 담당직원이 서명.

FIRST BASE

in blackjack, the first seat, immediately to the dealer's left and the player who receives the first card dealt.
블랙잭 테이블에서 딜러 왼쪽의 첫 번째 좌석이며, 처음 딜링되는 카드를 받는 플레이어의 자리.

FLOOR MAN or FLOOR PERSON

supervisory employee responsible for overseeing the activity on assigned games to insure house rules are followed and that no irregularities occur.
자신이 맡은 복수의 게임 테이블에 대해 하우스 룰이 잘 지켜지며, 또 불법행위가 발생되지 않는지 모든 행위를 감독하는 간부 직원.

FRENCH WHEEL

European roulette wheel which contains only one zero located between black twenty six and red thirty two.
검은색 26과 빨간색 32 사이에 0이 하나만 있는 유럽 스타일의 룰렛.

FRONT MONEY

player deposit at the casino cage used for gaming purposes in place of a line of credit.
플레이어가 카지노에서 크레딧을 설정하기 위해 게임 용도로 케이지에 내놓은 금액.

G

GRAVEYARD SHIFT

the last work shift, usually lasting until early morning.
하루 중에서 마지막 근무에 해당되는 근무 조(組), 새벽까지 근무한다. 한국에서는 Night Shift(야간근무 조 : 밤 10시부터 새벽 6시까지)라고도 한다.

GREEN NUMBERS

in roulette, the zero and double zero.
룰렛 게임에서 싱글 제로와 더블 제로.

H

HAND

in a card game like blackjack, cards dealt to a player, Also, in craps, the number of dice tosses before a seven-out.
블랙잭과 같은 카드 게임에서 플레이어에게 딜링된 카드. 또 크랩스 게임에서 세븐아웃 이전에 던져진 다이스의 점수.

HANDLE

total amount wagered. Some casinos refer to table games drop as handle.
베팅 금액 총액, 일부에서는 테이블 게임 드롭을 핸들로 간주.

HARD COUNT

counting of hard money(coins).
경화 (코인) 카운트.

HARD WAY

in craps, the numbers four, six, eight, and ten made by having the dice come up as a pair such as two fives to make ten rather than a six and a four.
크랩스 게임에서 주사위 두 개가 4와 6이 아니라 같은 5의 주사위 두 개로 10을 이룬 것과 같이 같은 점으로 이루어진 4, 6, 8, 10과 같은 짝수의 숫자가 나오는 것.

HIGH ROLLER OR HIGH STAKES GAMBLERS

anyone able and willing to spend $5,000 or more in a weekend of gambling. There are an estimated 35,000 high rollers in the world.
일주일에 5000달러 이상 게임을 할 수 있는 플레이어. 전세계에서 약 3만 5천명으로 추산.

HIT

in blackjack, to request another card from the dealer.
블랙잭 게임에서 딜러에게 추가 카드를 요구하는 것.

HOLD

proportion of player outlays retained by the house after redeeming chips and slot machine tokes.

하우스가 플레이어에게 칩스나 슬롯머신 코인을 현찰로 교환해 주고 남은 플레이어 지출 금액의 일정 비율.

HOLD PERCENTAGE

the percentage calculated by dividing the win by the drop.
위닝 금액을 드롭 금액으로 나눈 비율.

HOLE CARD

a card dealt face down or concealed in blackjack or poker.
블랙잭 게임이나 포커 게임에서 카드의 앞면이 보이지 않게 하여 딜링된 카드.

HOUSE

another term for the casino.
카지노의 다른 표현.

HOUSE ADVANTAGE or PERCENTAGE

mathematical winning edge that the casino gives itself by manipulating the rules of the games to ensure profitability.
카지노가 일정 수익을 확보할 수 있도록 규정된 게임 규칙에 의해 갖게 되는 수학적 승률.

HOUSE LIMIT

a credit limit established by the casino.
카지노가 설정한 크레딧 한도.

HOUSE NUMBERS

in roulette, the zero and double zero which, when they come up, allows a profit for the casino in all even money bets.
룰렛 게임에서 배당금이 1배나 2배인 모든 아웃사이드 베팅에 대해 이 번호만 나오면 카지노가 이긴 것으로 되는 제로(0)와 더블제로(00)를 말함.

HOST

short for casino host.
카지노 호스트의 준말.

HUSTLING

actions that induce a gift or a tip.

선물이나 팁을 강요하는 행위.

I

INDICATOR

on the big six wheel, the clapper that indicates the winning space.
빅 식스 게임에서 당첨 구역을 가리키는 가죽 띠, 일종의 추(錘).

INSURANCE

an option to a player to bet 1/2 or less of his original bet when the dealer's face-up card is an ace, to protect his original bet against the dealer's possible blackjack and which pays two to one.
블랙잭 게임에서 딜러의 펼쳐놓은 업 카드가 에이스인 경우 블랙잭이 될 가능성에 대비하여 별도로 베팅금의 반액 이하를 거는 것이다. 인슈어런스 베팅은 두 배의 지불금을 받게 된다.

J

JACKPOT

largest payout a slot machine makes.
슬롯머신이 지불할 수 있는 최고의 시상금.

JUNKET

a group of players who travel to the casino specifically for the purpose of gaming.
게임을 목적으로 카지노로 내왕하는 단체 게임 고객.

L

LAYOUT

1) the felt covering of a table for games such as blackjack or roulette which contains designations for the betting areas, 2) internal design.
1) 블랙잭이나 룰렛과 같이 베팅 구역이 지정되어 있는 게임 테이블을 덮어 싼 펠트 천, 2) 카지노 내부 디자인.

LIGHT BET
a wager that is below the table minimum.
테이블 게임에서 미니멈 벳 미만으로 하는 베팅.

LIMIT
maximum or minimum bet allowed.
베팅의 허용치가 되는 맥시멈 벳 또는 미니멈 벳.

LONG BET
a wager that exceeds the table limit.
테이블 게임에서 베팅 허용치, 즉 맥시멈 벳을 초과하는 베팅.

m

MARKER
an I.O.U. or credit extended to a player.
차용증서, 즉 고객에게 제공한 신용.

MAXIMUM
the largest bet allowed per player, as set by the casino.
카지노가 설정한 최대한의 베팅 금액.

MINIMUM
the lowest wager allowed to be placed at a table.
카지노가 설정한 테이블에서의 최소한의 베팅 금액.

MONEY WHEEL
the big six wheel.
빅식스 휠.

n

NATURAL
1) in blackjack, a first two card count of twenty-one,

2) in craps, a seven or eleven on the come-out roll,

3) in baccarat, a first two card count of eight or nine.

1) 블랙잭 게임에서 처음 카드 두 장의 합이 21이 된 경우, 2) 크랩스 게임에서, 컴아웃 롤이 7이나 11이 된 경우, 3) 바카라 게임에서 처음 카드 두 장의 합이 8이나 9가 된 경우.

NIGHT SHIFT

work shift generally from midnight to eight a.m. also called as graveyard shift. in Korea this shift runs from ten p.m. to six a.m.

보통 자정에서 아침 8시까지의 근무 조(組)를 말하며, graveyard 근무 조(組)라고도 한다. 한국의 경우는 대개 밤 10시부터 아침 6시까지로 되어 있다.

NO-SHOW

a person who makes a reservation but does not cancel and does not show up.

예약은 하였으나 취소하지도 않고 나타나지도 않은 자.

O

ODDS

ratio of the probability of an event's occurring to the probability of its not occurring.

사건이 발생할 가능성, 또는 확률.

OFF NUMBER BET

in craps, the box numbers including four, five, six, eight, nine, and ten.

크랩스 게임에서 4, 5, 6, 8, 9 및 10을 포함한 박스 넘버의 벳.

ONE BIG ONE

one thousand dollars.

미화 1천 달러.

OUTSIDE

in roulette, the bets placed outside the table layout of the boxes for the thirty-eight numbers.

룰렛 게임에서 38개의 숫자가 있는 테이블 레이아웃 바깥의 베팅 구역.

P

PAIR-SPLITTING

in blackjack, a hand that contains two cards of the same value that can be split or separated and bet as two new separate hands.
블랙잭 게임에서 처음에 받은 카드 2장이 같은 숫자일 경우 카드 두 장을 분리하여 2개의 핸드로 나눌 수 있는 핸드.

PASS

in craps, when a shooter wins a seven or eleven on the initial throw of the dice or makes his point on a subsequent roll.
크랩스 게임에서 슈터가 첫 번째 던진 컴아웃 롤이 7이거나 11이면 이기고, 그렇지 않으면 포인트가 되는 경우의 베팅.

PASS-LINE

in craps, the area of layout of the table where the pass bets are made.
크랩스 게임의 테이블 레이아웃에 있는 패스 베팅 구역.

PAYOUT

in casinos, customer's winnings.
카지노에서 고객이 당첨되어 받는 지급금.

PICTURE CARDS

in a deck of cards, the face cards as jack, queen, king.
카드의 한 묶음에서 잭, 퀸, 킹과 같은 페이스 카드.

PIT

in the casino layout, a single grouping of adjacent table games, usually in a circular or oblong shape.
카지노의 레이아웃에서 이웃한 테이블 게임을 원형이나 직사각형 형태로의 테이블 배열.

PIT BOSS

in the casino management hierarchy, the most senior gaming supervisor in the pit (grouping of tables) who supervises play and the activities of several floor persons.

카지노 인사 서열상 피트 내에서는 가장 우두머리로서 게임 흐름과 플로어 퍼슨의 근무 상태를 감독한다.

PLAY

a casino term referring to the betting or action.
베팅이나 액션을 나타내는 카지노 용어.

PLAYER

a casino term referring to the gambler, bettor, or patron.
갬블러, 베팅을 하는 자, 또는 단골 고객을 나타내는 카지노 용어.

PLAYER HAND

in baccarat, one of the two betting propositions.
바카라 게임에서 두 곳의 베팅 구역 중의 하나.

POINT NUMBERS

in craps, a four, five, six, eight, nine, or ten.
크랩스 게임에서 4, 5, 6, 8, 9 및 10의 수.

PROBABILITY

a statistics term describing the likelihood that one among a number of possible outcomes of an event will occur.
하나의 사상(事象) 또는 사건이 일어날 수 있는 가능성의 정도를 나타내는 통계학적인 용어.

PROPOSITION BETS

in craps, a bet on long shots.
크랩스 게임에서 롱숏에 거는 벳.

PUNTO BANCO

a table game also known as Baccarat, Chemin de fer, Nevada Baccarat.
바카라, 슈맹드페르, 네바다 바카라라고 알려진 테이블 게임.

PUSH

a standoff or tie between the player and the dealer where neither wins or loses.
플레이어와 딜러 모두 승부가 결정되지 않은 무승부, 또는 타이를 말함.

RACK

a piece of equipment for the tables which is a rectangular metal tray which contains the table chips and coins, and lies flat in the middle of table next to the dealer.
게임 테이블 비품의 하나로서 칩스나 코인을 담아두는 장방형의 금속제 용기를 말하며, 테이블 중앙의 딜러 바로 앞자리에 반듯하게 놓여 있다.

RETURN

in gambling, the percentage of total money that is paid out to the customers.
겜브링에서 고객에게 지급되는 시상금 비율.

REVENUE

1) a financial term referring to the money earned by a business operation or income, 2) from the casino point of view, collective losses of gamblers.
1) 영업 활동으로 벌어들인 수입을 나타내는 회계 용어. 2) 카지노의 경우, 고객이 게임에서 잃은 금액의 총액을 의미.

R

ROULETTE

a casino table game in which players bet on one or a combination of thirty-eight numbers, where a small white ball is spun against a horizontal rotating wheel and where it lands on the winning number.
플레이어가 38곳의 번호에서 한 곳 또는 여러 곳의 결합된 번호에 베팅하여, 흰색의 작은 볼이 수평으로 돌아가는 휠의 반대 방향으로 회전하다가 떨어지는 곳이 당첨 번호가 되는 테이블 게임의 일종.

RULE

an explicit statement that dictates what is acceptable.
모두가 받아들일만 하여 지키도록 정해놓은 명시적인 표현 또는 규약.

S

SAWBUCK

ten dollars.
10달러 지폐.

SCRATCH

in blackjack, the scraping motion of the cards a player uses to request a "hit" or take another card.
블랙잭 게임에서 플레이어가 "히트", 즉 추가 카드를 요청하기 위해 취하는 카드 긁는 동작.

SECOND BASE

in a table game, the name of the position of the player sitting near the center of the table.
테이블 게임에서 테이블 중앙에 좌석을 두고 앉은 플레이어의 위치명(名).

SECURITY

1) casino "police', 2) the department that controls and protects the casino from crimes, 3) protection of all people who are legitimately on the firm's property, from bodily harm caused by the deliberate behavior of another person.
1) 카지노 "경찰". 2) 카지노를 범죄로부터 보호하는 부서. 3) 카지노 내의 고객과 직원을 타인의 고의적인 행동에서 야기될 수 있는 여하한 신체상의 위해(危害)로부터 보호하는 것.

SECURITY MONITOR

a closed circuit television monitor that allows employees to monitor security and safety throughout the property from a central location.
한가운데 위치하여 카지노 전체에 대한 보안과 안전을 근무자가 모니터할 수 있는 폐쇄 회로 수상기.

SHIFT

eight hour work day.
1일 여덟 시간의 근무조(組).

SHIFT-BOSS

in the casino management hierarchy, the person who controls the entire casino on his shift and answers only to the casino manager.

카지노 인사 서열상 자신의 시프트 근무 시간 동안 카지노 전체에 대한 관리를 맡은 책임자로서 카지노 매니저에게만 보고한다.

SHOE

in baccarat and blackjack, the container which stores the undealt cards.

바카라나 블랙잭 게임에서 딜링되지 않은 카드를 담아 두는 용기(容器).

SHOOTER

in craps, a term referring to the player who is throwing the dice.

크랩스 게임에서 다이스를 던지는 플레이어를 지칭.

SHUFFLE

in card games, the randomizing process of the cards before play starts.

카드 게임에서 게임이 시작되기 전에 카드를 무작위로 섞는 과정.

SINGLE-DECK

a blackjack game played with one deck(52 cards) and almost always hand-held by the dealer.

카드 한 묶음인 52장을 딜러가 한 손에 집어 들고 매 게임 진행하는 블랙잭 게임.

SLIP

a small piece of paper, especially a small form, document, or receipt : a deposit slip.

한 장의 작은 종이, 특히 작은 서류양식, 영수증 및 전표

SLOT DROP

the amount of coins collected in the bucket inside a cabinet underneath the slot machine.

슬롯머신 아래쪽의 캐비넷 내부에 있는 버켓에 모아진 코인 금액.

SLOT HANDLE

amount of money deposited into the machine by the customer.

고객이 머신에 투입한 코인 금액의 합계.

SLOTS

an abbreviation for slot machines which are the mechanical, computerized game machines.
기계적이고 컴퓨터화된 게임기인 슬롯머신의 준말.

SNACK BAR

in a casino, a lunch counter or small restaurant where light meals and beverage are served.
카지노 영업장 내에 설치되어 있는 간이 식당으로서 음료나 가벼운 식사를 제공하는 곳을 말한다(국내의 외국인 전용 카지노의 경우 고객에게 무료로 제공하고 있다. 강원랜드 카지노의 경우 가벼운 음료는 무료로 제공하고 있으나 그외는 실비로 제공하고 있기도 하다. 외국의 경우는 업체의 여건에 따라 운영되고 있다).

SNAKE EYES

in craps, a throw of two aces (ones).
크랩스 게임에서 주사위 두 개가 모두 하나의 점인 에이스가 나온 경우.

SOFT COUNT

in casinos, counting the value of paper like dollar bills, cheques, markers, etc.
달러화의 지폐, 수표, 마커 등 종이로 된 현찰의 카운팅.

SOFT HAND

in blackjack, a hand with an ace which can be valued as one or eleven.
블랙잭 게임에서 1 또는 11로도 계산이 가능한 에이스가 끼워 있는 핸드.

SPLIT

in blackjack, a pair which can be split into two hands as long as the same amount is bet on each hand.
블랙잭 게임에서 처음에 받은 카드 2장이 같은 숫자일 경우 카드 두 장을 분리하여 2개의 핸드로 나누어서 추가된 새 핸드에 원래의 베팅액과 같은 금액이 베팅된다.

SPLIT BET

bet on two numbers
두 곳의 번호에 베팅하는 것.

SQUARE

in roulette, a bet on four connected numbers.
네 곳의 번호에 베팅하는 것.

STACK

a column of twenty chips or coins.
스무 개의 칩스 또는 코인의 묶음.

STAND

a blackjack term referring to a player's decision not to draw additional cards.
추가 카드를 받지 않겠다는 플레이어의 의사 결정을 나타내는 블랙잭 게임 용어.

STANDOFF

a tie.
타이, 즉 무승부.

STAY

a player's indication to the dealer that no more cards are desired on a hand
더 이상추가 카드가 필요치 않다고 플레이어가 딜러에게 하는 의사 표시.

STICK

in craps, the hockey stick-like device the dealer uses to retrieve the dice from across the table to return them to the shooter.
크랩스 딜러가 테이블 한편에 던져진 주사위를 회수해서 슈터에게 건네주는 데 사용되는 하키 경기용 스틱과 같은 게임 기구.

STICKMAN

in craps, the dealer, who stands directly across from the boxman, calls the game and controls its pace. He uses a hooked stick to retrieve the dice and push them toward the shooter.
크랩스 딜러. 복스맨의 맞은편에 서서 게임 진행에 따른 콜을 하며 게임의 속도를 조절한다. 또 갈고리같이 생긴 스틱을 이용하여 던져진 주사위를 회수해서 슈터에게 건네준다.

STREET BET

in roulette, a bet on a row of three numbers across.

룰렛 게임에서 한 줄로 늘어서 있는 세 곳의 번호에 거는 베팅.

SURRENDER

in blackjack, to give up on a bad hand and lose half the bet.
블랙잭 게임에서 핸드가 좋지 않은 경우 베팅금의 반액만 지불하고 그 핸드를 포기하는 것.

SURVEILLANCE

the ability of the organization to observe all behaviors on the total area of the property.
카지노 전체 구역에서 행해지고 있는 모든 행위를 관찰하고 감시하는 것.

T

TABLE BANKROLL

the inventory of chips in the tray on a gaming table, also known as the table float.
게임 테이블의 트레이에 담겨 있는 칩스 금액의 합계. 즉, 테이블 운영 자금.

TABLE DROP

the amount of money, and markers, that is placed into the drop box at a gaming table.
게임 테이블의 드롭박스에 들어 있는 현금, 수표, 마커 등을 합한 금액.

TABLE FLOAT

the inventory of chips maintained on a table in a tray which is secured by a clear lockable cover when the table is not in use.
테이블이 가동되지 않을 때 투명한 덮개로 잠금 장치를 할 수 있는 트레이에 보관되어 있는 칩스 금액의 합계. 즉, 테이블 운영 자금.

TABLE GAME

a game that uses a table as part of the action.
카지노에서 테이블을 이용하여 하는 게임.

TABLE LIMIT

a casino term for the maximum and minimum bets allowed at a table.
게임 테이블이 허용하는 베팅의 최고액과 최저액을 의미하는 카지노 용어.

TABLE WIN

in casinos, this amount is calculated by subtracting the value of the chips missing from the bankroll of the table from the drop.
드롭 총액에서 테이블 운영 자금(뱅크 롤)으로 빠져나간 칩스 차액을 공제한 것이 테이블 윈(table win) 금액이다.

TAKE

a gaming expression for the casino receipts.
카지노가(내기에 진 베팅금을) 거두어들이는 행위를 표현하는 게임 용어.

TAKE AND PAY

a casino term referring to the dealer's method of settling up with the winners and losers.
딜러가 내기에 이기고 진 것에 대해 지불하고 거두어들이는 행위를 표현하는 게임 용어.

THEORETICAL HOLD

in slots, the intended hold percentage or win as computed by reference to its payout schedule and reel strip settings. Deviation of the actual hold percentage from the theoretical hold percentage can be an indication of problems.
슬롯머신에서 시상표와 릴 스트립 세팅에 의해 산출된 이론적 홀드율 또는 승률. 이론적 홀드율이 실제 홀드율과 차이가 발생한다면 이것은 머신의 이상을 나타내는 것일 수 있다.

THIRD BASE

1) far left-hand seat on the blackjack table.
2) last hand dealt.
1) 블랙잭 테이블의 맨 왼쪽 핸드의 좌석. 2) 맨 나중에 딜링되는 핸드.

THIRD DOZEN

in roulette, a bet on the numbers twenty-five through thirty-six.
룰렛 게임의 25번에서 36번까지의 12곳의 번호에 거는 베팅.

THREE-NUMBER BET

in roulette, a bet paying eleven to one. also called as the street bet.
룰렛 게임에서 1대 11배의 배당금을 지급하는 베팅. 스트릿 벳이라고도 한다.

TIE

hand in which both the player and dealer hold the same total value.
플레이어와 딜러의 점수가 동일하여 승부가 결정되지 않은 핸드.

TOKE

tip, gratuity.
팁, 사례금.

TOKE-BOX

a slotted, locked box for tips.
투입구(슬롯)가 있으며, 잠금 장치가 되어 있는 팁 박스.

TRAY

a shallow flat receptacle for holding chips.
칩스를 담아두는 밑이 얇고 편평한 용기.

TWENTY-ONE

alternate name for blackjack. also known as "beat the dealer."
블랙잭 게임의 다른 이름. "beat the dealer(딜러를 이겨라)"라고 알려져 있기도 하다.

U, V

UPCARD

in blackjack, a dealer's card dealt face up.
블랙잭 게임에서 딜러의 펼쳐놓은 한 장의 오픈 카드.

VIGORISH

commission taken by the casino on certain wagers.
특정한 베팅액에 대해 카지노가 공제하는 일정 비율의 수수료.

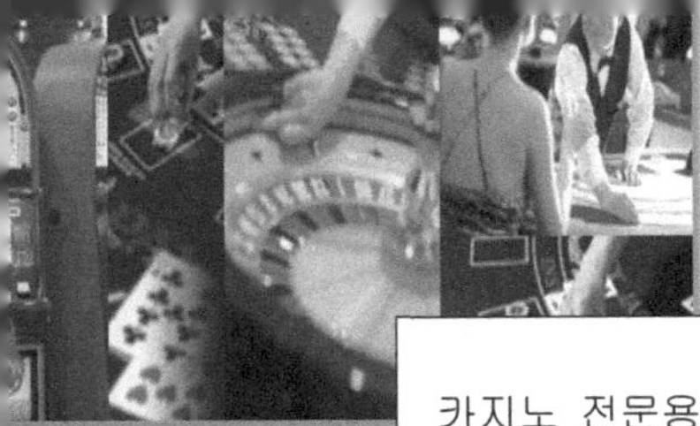

W

WHEEL

roulette wheel or game.
룰렛의 회전바퀴 또는 룰렛 게임.

WHEEL ROLLER

roulette dealer.
룰렛 딜러.

WIN

the amount of each dollar wagered that is won or held by the house before operating expenses and other costs have been paid and does not represent profit.
하우스가 게임 운영에서 이긴 금액이며 운영비 및 기타 비용을 공제하지 않은 것으로서 이익금을 나타내는 것은 아니다.

Z

ZOOM

in security, a camera lens with the capacity to magnify the image.
보안에서 사용하는 것으로 영상의 확대가 가능한 카메라 렌즈.

References 참고문헌

For further readings on this topic, consider the following titles :

방기준, "최신관광생활영어" 정문각, 1997.

서만순 · 신남식 · 전학수, "Hotel English" 백산출판사, 2001.

이상우, "카지노실무일본어회화", 학문사, 2000.

Eade, V. H. and Eade, R. H, "Introduction to the Casino Entertainment Industry" Prentice Hall Inc., New Jersey, 1997.

Fenich G. G. and Hashimoto, Kathryn, "Casino Gaming Dictionary", Kendall/Hunt Publishing Company, 1996.

Hashimoto, Kathryn and Kline, S. F. and Fenich, G. G., "Casino Management", Kendall/Hunt Publishing Company, 1998.

Jim, Kilby and Jim, Fox, "Casino Operations Management", John Wiley & Sons, Inc., New York, 1998.

Rudd, D.P. and Marshall, L. H., "Casino & Gaming Operations", Prentice Hall, New Jersey, 2000.

Thorp, Edward O., "The mathematics of Gambling', Gambling Times Incorporated, Hollywood, California, 1984.

<著者紹介>

■ 양일용 / Editor

- 고려대학교 철학과 졸업(1975)
- 대전대학교 경영행정대학원 관광경영학석사(1996)
- 대전대학교 대학원 경영학박사(2000)
- LG이노텍 FMS담당(1977~1983)
- 남광토건 사우디지사 자재부 외자담당(1983~1986)
- 파라다이스투자개발㈜ 개발부, 파라다이스비치호텔 영업본부 카지노판촉차장, 파라다이스 부산카지노 안전관리차장 겸 영업차장(1986~1998)
- 대전대학교 경상학부 경영학과 겸임교수 (1999~2000)
- 제주관광대학 카지노경영과 교수 (2000~현재)

[저서 및 논문]

- 한국카지노산업의 경영전략에 관한 연구 (대전대학교 1996.2)
- 외래관광객의 태도가 카지노관광행동에 미치는 영향에 관한 연구(대전대학교 2000.2)
- 한국카지노산업의 경영환경과 전략에 관한 고찰(대전대학교 1988.4)
- 해외시장 진입전략-최근의 연구동향 (대한경영학회 2000.5) 외 다수

■ 정흥모 / Editor

- The American University, The Kogod Business School 경영학 석사
- 부산대학교 경제학 박사
- 주한호주대사관 – Australian Trade Commisssion 상무관
- 주한영국대사관 – British Trade Office 소장
- 현 경남정보대학 호텔경영계열 교수

[저서 및 논문]

- 실무중심의 호텔영어회화(형설출판사)

■ Robert J. Dickey / Assistant Editor

- University of California at Los Angeles 정치학과 졸업(1982)
- California State University, Long Beach 행정학 석사 (1986)
- Western State University, San Diego 법학박사 (1992)
- RSA/Cambridge CTEFLA Certificate, International House, Hastings, England(1996)
- Executive Director, Lemon Grove Spring Valley Nutrition Board.(1986-1988)
- Foundries/Interim Acting Executive Director, San Diego M2ental Health Association. (1988-1989)
- Assistant Program Director, Immigration & Refugee Services Division, Catholic Charities of Los Angeles(1992-1994)
- Managing Editor, *PAC Journal, Korea TESOL Journal, The English Connection*(2000-2001)
- President, Korea TESOL.(2001-Present)
- 현) 경주대학교 관광외국어학부 영어전공 교수

[저서 및 논문]

- "Teaching on the Telephone." American Language Review 3 : 3. May, 1999.
- "Rethinking the fundamentals of teaching English in Korea." International Language and Literature (Korea). 2000.
- "Challenges for Leadership in Asia" Too Few 'Nails That Stick Up'. Presented before the European Forum of Management Development(efmd) Public Management Conference, Milan, Italy. September 2001.
- "English Education: Focus on the Classroom." Keynote Address before the KATE-HETA Joint National Conference, Kwangju, Korea. February 2002. 외 다수

저자와의
합의하에
인지첩부
생략

카지노실무영어 Casino English

2002년 4월 5일 초 판 1쇄 발행
2018년 8월 30일 수정판 2쇄 발행

지은이 양일용 · 정흥모 · Robert J. Dickey
펴낸이 진욱상
펴낸곳 백산출판사
교 정 편집부
본문디자인 편집부
표지디자인 오정은

등 록 1974년 1월 9일 제406-1974-000001호
주 소 경기도 파주시 회동길 370(백산빌딩 3층)
전 화 02-914-1621(代)
팩 스 031-955-9911
이메일 edit@ibaeksan.kr
홈페이지 www.ibaeksan.kr

ISBN 89-7739-461-9 93740
값 13,000원